Adeilson Augusto da Nóbrega

A dialetica entre fé e obras, no contexto da justificação

Adeilson Augusto da Nóbrega

A dialetica entre fé e obras, no contexto da justificação

Uma estudo contrastivo de visões católica, arminiana e calvinista

CREDO EDICIONES

Cover image: www.ingimage.com

Publisher:
CREDO EDICIONES
ist ein Imprint der / is a trademark of
International Book Market Service Ltd., member of OmniScriptum Publishing Group
17 Meldrum Street, Beau Bassin 71504, Mauritius

Printed at: see last page
ISBN: 978-613-1-61839-0

A DIALÉTICA ENTRE FÉ E OBRAS NO CONTEXTO DA JUSTIFICAÇÃO: UM ESTUDO CONTRASTIVO DAS VISÕES ARMINIANA, CATÓLICA E CALVINISTA.

ADEILSON AUGUSTO DA NÓBREGA

A DIALÉTICA ENTRE FÉ E OBRAS NO CONTEXTO DA JUSTIFICAÇÃO: UM ESTUDO CONTRASTIVO DAS VISÕES ARMINIANA, CATÓLICA E CALVINISTA

ADEILSON AUGUSTO DA NÓBREGA

A DIALÉTICA ENTRE FÉ E OBRAS NO CONTEXTO DA JUSTIFICAÇÃO:

UM ESTUDO CONTRASTIVO DAS

VISÕES ARMINIANA, CATÓLICA E CALVINISTA

“A fé é tão importante por ser a chave que abre
a porta para a vida cristã e para tudo quanto Cristo
tem feito em nosso beneficio. Essa é a chave
que abre para nós a porta do céu”.
(KENNEDY, 1987, p.75)

À minha amada esposa, Josenilda Silva da Nóbrega,

que sempre esteve ao meu lado nas horas em que precisei

e aos meus filhos, Vinícius e Vitor.

AGRADECIMENTOS

Em primeiro lugar, agradeço a Deus que me sustenta que me regenerou e enviou a Cristo meu Senhor e Salvador. Ao Deus Espírito Santo que me iluminou para a realização desta pesquisa bibliográfica.

Sou ainda grato à minha esposa e família, que esteve sempre incentivando, orando e exortando espiritualmente.

Ao Rev. Luiz Goulart e família que, de forma indireta, foi meu primeiro tutor no início de minha vocação.

Ao meu tutor, Rev. Oswaldo Antônio da Silva Júnior, que esteve sempre me incentivando e orando por essa realização.

Ao Conselho da 2ª IPC, pela confiança e apoio espiritual.

Ao Rev. Wesley José de Oliveira e família, que me evangelizou e discipulou.

À irmã Ivete Santos da Cunha, que sempre me apoiou e se dispôs a ajudar na coleta dos livros.

Ao Rev. David Gomes Morais e família, que sempre deu apoio espiritual e moral.

À irmã Lucia Teixeira, que foi a coluna espiritual na minha vida.

SUMÁRIO

LISTA DE ABREVIATURAS

AT - Antigo Testamento

At - Atos

ARA – Almeida Revista Atualizada

Cl - Colossenses

Dn - Daniel

Dt – Deuteronômio

Ez - Ezequiel

Êx – Êxodo

Gl - Gálatas

Gn – Genesis

Hb - Hebreus

Is – Isaias

1 Jo - João

Jr – Jeremias

Lc - Lucas

Mt - Mateus

NT – Novo Testamento

1 Pe - Pedro

PTAG – Presbitério de Taguatinga

Pv - Provérbios

Rm - Romanos

Sl – Salmos

Tg - Tiago

Zc - Zacarias

RESUMO

Esta pesquisa acadêmica bibliográfica tem como objetivo o estudar dialeticamente a doutrina da justificação, através de uma análise contrastiva das visões arminiana, católica e calvinista, visando o entendimento correto da doutrina da justificação e sua aplicação na igreja e na vida cristã. Foram pesquisados os fundamentos bíblicos e teológicos da Justificação e o histórico da doutrina desde a época da patrística até os tempos contemporâneos. Os aspectos objetivo e subjetivo foram tratados e discutidos pontos tais como segurança e insegurança, soberania divina e centralidade humana, fé e obras, no contexto dos escritos de Paulo e de Tiago. Traçou-se ainda um paralelo entre justificação e santificação a fim de contribuir para a elaboração de conceitos básicos da doutrina e para a discussão entre os elementos fé e obras. Foi apresentada uma tabela das principais confissões sobre a justificação.

Palavras-chave: Justificação, Dialética, Fé; Obras, Santificação, Patrística, Soberania Divina.

ABSTRACT

This academic research aims at bibliographic study dialectically the doctrine of justification, through a contrastive analysis of the arminian views, Catholic and Calvinist, targeting the correct understanding of the doctrine of justification and your application in the Church and in Christian life. We searched the biblical and theological foundations of the justification and the history of the doctrine since the time of patristics to contemporary times. The objective and subjective aspects were treated and discussed points such as security and insecurity, divine sovereignty and human centrality, faith and works, in the context of the writings of Paul and James. Drew a parallel between justification and sanctification in order to contribute to the development of basic concepts and doctrine for the discussion between the elements faith and works. A table of main confessions on the grounds.

Keywords: Justifications, Dialectic, Faith; Works, Sanctification, Patristics, Divine Sovereignt.

INTRODUÇÃO

Esta pesquisa consiste em um estudo sobre a *doutrina da justificação – A dialética entre fé e obras, considerando as perspectivas calvinista, arminiana e católica.* O conceito de justificação será tomado como sendo o ato jurídico de Deus pelo qual ele declara o homem justificado, ou seja, ele perdoa os pecadores e os aceita como justos, por meio dos méritos de Jesus Cristo.

O homem, desde a queda de Adão e Eva, narrada em Gênesis 3, passou à condição de pecador e está sob a condenação eterna, por causa de sua desobediência causada pelo pecado. O seu relacionamento com Deus foi rompido, necessitando de uma expiação para pagar sua culpa. Na Epístola aos Romanos 3.24-25, Paulo afirma que tal necessidade foi suprida em Cristo: "Justificados gratuitamente, por sua graça, mediante a redenção que há em Cristo Jesus, a quem Deus propôs, no seu sangue, como propiciação, mediante a fé, para manifestar sua justiça, por ter Deus, na sua tolerância, deixado impunes os pecados anteriormente cometidos". Portanto, ser justificado é ter removida a culpa do pecado e restaurado o pecador a todos os direitos de filho de Deus, incluindo uma herança eterna.

Ao longo da história da Igreja, têm sido formulados alguns conceitos que dão suporte ao papel do homem por meio da fé ou de obras que o justifiquem diante de Deus, por algumas linhas de pensamento e interpretação: A Igreja Católica Romana, os Calvinistas e os Arminianos. Diante dessas diversas correntes de pensamentos e interpretações, há muitas opiniões, diferentes e divergentes pensamentos entre os cristãos, que trazem dúvidas às suas vidas espirituais. Existem cristãos que não têm certeza de sua justificação somente pela fé. Acham que precisam alcançar a justiça de Deus, por meio de sacrifícios e méritos das boas obras. Há cristãos que afirmam que, se cumprirem toda a lei, serão justificados (salvos) diante de Deus. Os cristãos católicos romanos incluem a santificação na definição da justificação, misturando ambas em um processo continuo, ao invés de um único evento decisivo. Eles afirmam, que a apesar da fé contribuir para a justificação diante de Deus, as obras de santificação e mérito são necessárias também.

Na Confissão de Fé de Westminster (2005, p. 100 e 124) registrado no capítulo XI, artigo primeiro, *Sobre a justificação*, e capítulo XVI, artigo segundo, *Sobre as boas obras*, percebe-se claramente nestes capítulos que o homem é justificado somente pela fé e que as obras, feitas em obediência, são frutos e evidências de uma fé viva e verdadeira.

Para discernir melhor, a participação e a responsabilidade do homem no âmbito da justificação diante de Deus, será feita uma analogia entre os textos bíblicos de Tiago 2.24, 26 e Romanos 3.20, 28. O estudo destes textos trará uma maior compreensão sobre a doutrina genuína quanto à justificação pela fé conquistada mediante o ato salvifico de Cristo estendida ao homem.

1. Justificativa

O entendimento da relevância da presente pesquisa leva em conta a importância de refletir sobre a necessidade ou não de o próprio homem contribuir para sua justificação com as obras da lei. Os cristãos arminianos crêem que sim; os cristãos calvinistas argumentam que não. Por isso a necessidade de aprofundar no tema e pesquisar esta doutrina. Esclarecer essas nuanças da justificação do homem diante de Deus – se é por meio de obras ou somente pela fé e também qual o papel do homem nesse processo.

Por tratar-se de uma doutrina de relevância no decorrer de vários séculos no seio da Igreja Cristã e que, por várias vezes, trouxe dúvidas entre os próprios cristãos, ainda nos dias atuais, com respeito à justificação do homem e seu papel na obra do reino de Deus é que se apresenta a presente pesquisa.

2. Objetivos

2.1 Objetivo Geral

Estudar bíblica e teologicamente a doutrina da justificação visando seu entendimento a partir das óticas arminiana, católica e calvinista.

2.2 Objetivos Específicos

2.2.1. Pesquisar o ensino bíblico sobre a doutrina da justificação.

2.2.2. Investigar o pensamento de diferentes linhas teológicas sobre a doutrina da justificação

2.2.3. Contrastar o conceito calvinista da justificação pela fé somente com a teologia católica e arminiana.

3. Problematização

A Salvação do homem se dá somente pela fé em Jesus Cristo? Partindo do pressuposto de que o homem só é justo diante de Deus mediante o Verbo Encarnado, qual é a participação do homem neste processo? Existe alguma participação das obras do homem na justificação? Considerando que o homem seja justificado diante de Deus, tal justificação se dá pela fé somente ou pelas obras somente? Ou por meio de ambas? Estas são algumas perguntas que geram controvérsias no meio cristão, causando divergências entre algumas correntes teológicas, como os reformados, os arminianos e católicos.

Os reformados entendem que a justificação é pela graça soberana somente pela fé, sem nenhum mérito por parte do crente. O fundamento final da justificação é a eleição soberana de Deus. Os católicos defendem que as obras sejam ligadas à justificação, ou seja, defende a mistura de graça e obras na justificação. As duas são indispensáveis na preparação para a justificação e no próprio evento da justificação. Os arminianos defendem que os que crêem em Cristo, devem prestar obediência à lei no sentido de obterem a sua justificação diante de Deus. Dessa maneira a justificação seria por fé e obras (lei).

Diante do exposto, surgem vários questionamentos, que precisam ser pesquisados, visando um esclarecimento para a Igreja (povo) de Deus, Tais como: Há alguma participação do homem na doutrina da justificação? Suas obras são meritórias diante de Deus, no que consente a sua salvação?

Os católicos Romanos argumentam que conforme o cristão avança em sua virtude, ele é capacitado a produzir obras meritórias e obtém como recompensa uma porção maior da graça e uma justificação mais perfeita. Essa graça pode ser perdida na justificação? Poderá ser restaurada pelo sacramento da penitência? Portanto, qual o papel das obras no contexto da justificação pela fé? Qual a contribuição humana no processo dessa justificação?

Diante do exposto, fica um questionamento. Qual a participação do homem na obra da justificação? Há algo com o que ele possa contribuir nessa justificação? Como por exemplo, algum tipo de obra humana ou obra da lei?

4. Hipótese

Justificação pela fé somente é o modo pelo qual a pessoa é feita justa aos olhos de Deus pela fé, em virtude da obra redentora feita por Jesus Cristo em favor do homem. Justificação é o ato de Deus pelo qual ele perdoa pecadores e os aceita como justos por causa de Cristo.

O conceito bíblico e calvinista, no que se refere à doutrina da justificação, afirma que esta é somente pela fé, sem as obras da lei. O conceito Arminiano da doutrina da justificação nega frontalmente estas duas realidades (bíblica e calvinista), afirmando que os pecadores, além de crerem em Cristo, devem prestar obediência à lei no sentido de obterem a sua justificação diante de Deus.

5. Metodologia

A metodologia a ser empregada é de natureza bibliográfica. No campo histórico, será avaliada a compreensão da doutrina da justificação, pesquisando alguns períodos da história cristã, como o pensamento da Patrística, pensamento Reformado e Contemporâneo.

FUNDAMENTAÇÃO BÍBLICA E TEOLOGICA DA DOUTRINA DA JUSTIFICAÇÃO

Para um melhor entendimento da doutrina da justificação, cujo tema é a dialética entre fé e obras no contexto da justificação, primeiramente faz-se necessário um estudo sobre os fundamentos bíblicos e teológicos através de uma análise bíblica visando um maior discernimento do assunto. Isso está apresentado em três etapas: O tratamento dos termos utilizados pelas Escrituras do Antigo Testamento e Novo Testamento[1], o estudo da natureza, características e, finalmente, os elementos da doutrina da justificação.

1.1 Termos Bíblicos e Teológicos para a Justificação

A conceituação de justificação no AT, embora afirmada por alguns estudiosos como possuindo conotação moral ou ética, ocorre, na maioria das vezes, denotando o aspecto forense do termo, no qual a pessoa é declarada judicialmente justa por estar em conformidade com as exigências da lei[2]. No NT, o conceito está ligado à idéia fundamental de perfeita conformidade com todas as exigências da lei moral, com respeito às coisas ou pessoas[3]. O sentido forense de justificação no NT refere-se à declaração de uma pessoa como justa.

Louis Berkhof[4] explica que o termo hebraico para *justificar* no AT é *hitsdik,* que significa, na maioria dos casos, "declarar judicialmente que o estado de uma pessoa está em harmonia com as exigências da lei". A base de sua afirmação está nos livros bíblicos de Êxodo, Deuteronômio e Provérbios[5]. O piel[6] *tsiddek* ocasionalmente possui a mesma

---

[1] Doravante AT e NT

[2] Cf. com Êx. 23.7; Is. 5.23; Dt. 25.1; Pv. 17.15 (ARA). Almeida Revista Atualizada. Doravante não tornará a ser indicada por ter sido sempre usada a versão ARA.

[3] Mt.20.4; Cl. 4.1

[4] BERKHOF. **Teologia Sistemática**, p. 515.

[5] Ex. 23.7, Is 5.23, Dt. 25.21e Pv. 17.15.

[6] MENDES (**Noções de Hebraico Bíblico**, p. 155) explica que o piel "normalmente expressa uma ação 'intensiva' ou 'intencional'. Piel é uma das formas verbais em hebraico. A forma piel é própria do grau intensivo

definição[7]. Berkhof diz que o sentido destas palavras é estritamente forense ou legal. Refutando o pensamento católico romano e de alguns representantes da teoria da influência moral da expiação, como John Young, de Edimburgo, e *Horace Buschnell*, e também os unitários e os teólogos *liberais* modernos que negam o significado legal do termo *justificar* e lhe concede o sentido moral de *tornar justo ou reto*, Berkhof faz sua defesa observando cuidadosamente as considerações que induzem a favor do significado legal e afirma que a denotação correta é a seguinte:

> (a)pelos termos postos em contraste com ele, como, por exemplo, 'condenação', Dt 25.1; Pv.17.15; Is 5.23; (b) pelos termos correlatos colocados em justaposição com ele e que muitas vezes implicam um processo de julgamento, Gn 18.25; Sl 143.2; (c) pelas expressões equivalentes às vezes empregadas, Gn 15.6; Sl 32.1, 2; e (d) pelo fato de que passagens como a de Pv 17.15 redundariam num sentido impossível, se a palavra significasse 'tornar justo'. Sim, pois, nesta passagem, o sentido seria então: Aquele que melhora moralmente a vida dos ímpios é abominação para o Senhor. Há, porém, um par de passagens em que a palavra significa mais que simplesmente 'declarar justo', quais sejam, Is 53.11 e Dn. 12.3. Mas mesmo nestes casos, o sentido não é 'tornar bom ou santo', mas sim, 'alterar a condição de modo que o homem possa ser considerado justo'[8].

A respeito do termo usado no N.T, Berkhof afirma tratar-se do verbo *dikaioo* para significar *justificar*, com a idéia geral de *declarar que uma pessoa é justa.* Refere-se a uma declaração pessoal de que o caráter moral da pessoa está em consonância com a lei[9]. Paulo, em suas epístolas, deixa evidente que o significado soteriológico do termo está em primeiro plano. Significa *declarar em termos forenses que as exigências da lei, como condição de vida, foram integralmente satisfatórias com relação a uma pessoa*[10]. Tanto a palavra *dikaioo* quanto *hitsdik* possuem o sentido forense, como se vê nos seguintes fatos: (a) em muitos casos ela não se presta para outro sentido[11]; (b) é posta em relação antiética com o termo *condenação*[12]; (c) expressões equivalentes e intercambiáveis veiculam uma idéia judicial ou

---

e da voz ativa. Um verbo no piel apresenta uma ação intensificada, enérgica, repetida. Exemplo: quebrar, no piel, denota despedaçar.

[7] Jr. 3.11; Ez. 16.50,51.

[8] BERKHOF. **Op. Cit.**, p. 514.

[9] Mt. 12.37; Lc. 7.29; Rm 3.4.

[10] At. 13.39; Rm 5.1, 9; 8.30-33; 1 Co 6.11; Gl 2.16; 3.11

[11] Rm 3.20-28; 4.5-7; 5.1; Gl 2.16; 3.11; 5.4.

[12] Rm 8.33, 34.

legal[13]; e (d) se não tivesse este sentido, não haveria distinção entre justificação e santificação. O substantivo *dikaiosis* significa justificação. Berkhof afirma que só pode ser visto em dois lugares do NT:[14], significando o ato de Deus pelo qual ele declara os homens livres de culpa e aceitáveis perante ele. O estado resultante da justificação é indicado pela palavra *dikaiosyne*.

A.A Hodge[15] questiona a possibilidade de provar que a palavra *dikaióo* é utilizada em sentido forense quando as Escrituras a empregam em referência à justificação do pecador debaixo do evangelho. Ele mesmo responde que, em muitos casos, este é o único sentido que se pode ter. Diz que os ímpios são justificados sem as obras da lei, pelo sangue de Cristo, pela fé, livremente e de graça, mediante a intervenção de um advogado, por meio de uma satisfação e da justiça imputada[16]. Também é empregada para exprimir o contrário de condenação, como é o caso de[17]. A mesma idéia é comunicada por muitas outras expressões equivalentes e permutáveis entre si[18]. Se o termo em apreço não tivesse esse sentido, não haveria diferença entre a justificação e a santificação. E esta será uma grande discussão na história, como se verá mais adiante, neste trabalho.

Heber Campos[19] comenta que a justificação recebida pelo homem e descrita no livro de Atos[20] tem conotação forense, à qual a remissão dos pecados está ligada. Segundo o autor, o perdão e a justificação andam juntos. Deus perdoa os pecados porque Jesus Cristo assumiu a dívida, sendo esse o ensino repetido em várias passagens da Escritura.

Somente pela fé[21] em Cristo o homem é justificado. O cumprimento das obras[22] prescritas por Moisés não traz justificação. Sendo assim, o homem não pode pagar sua dívida.

---

[13] Jo 3.18; 5.24; Rm 4.6,7; 2 Co 5.19.

[14] Rm 4.25 e 5.18.

[15] HODGE. **Esboços de Teologia**, p. 692.

[16] Cf. com Rm. 3.20-28; 4:5-7; 5.1; Gl. 2.16; 3.11; 5.4; 1 Jo. 2.2.

[17] Rm. 8.33,34.

[18] Cf. com Jo. 3.18; 5.24; Rm. 4.6,7; 2 Co 5.19.

[19] CAMPOS. **A União das Duas Naturezas do Redentor.**

[20] At. 13.38-39: "Tomai, pois, irmãos, conhecimento de que se vos anuncia remissão de pecados por intermédio deste; e, por meio dele, todo o que crê é justificado de todas as coisas das quais vós não pudestes ser justificados pela lei de Moisés".

[21] A verdadeira fé consiste em uma operação divina em nossos corações fazendo-nos novas criaturas em todas as suas faculdades. Trata-se de algo ativo, atarefado, que não estaca para indagar se deveriam ou não ser realizadas boas obras. Somos justificados exclusivamente pela fé. Somente a fé serve de instrumento da justificação. Mas a fé que justifica nunca se manifesta isolada no indivíduo justificado. Ela é sempre acompanhada pelas obras que inevitavelmente são produzidas pela fé viva. Tiago escreveu: "... a fé sem obras é morta" (Tg 2.26). E isso simplesmente quer dizer que a fé que não produz uma vida transformada é vã, ilusória e vazia, não sendo a fé verdadeira sob hipótese alguma (KENNEDY, 1987, p.78).

[22] A fé e as obras são coisas distintas, sem méritos intrínsecos. A salvação é o dom gracioso de Deus, providenciada pelo sacrifício expiatório de seu bendito filho. Cristo é o Redentor único e exclusivo da alma do ser humano. A fé conduz o homem a ele, movendo a pessoa a se entregar todo o seu ser (SALVADOR, p.94).

Cristo por meio de sua morte o redimiu de tal dívida. Na questão da justificação pela fé, Paulo é o especialista. Em sua carta aos Romanos[23], ele usa o termo *imputar* com o sentido de *atribuir a, colocar sobre*, significando que Deus atribuiu a Abraão a justiça que vem da fé. Abraão não foi justificado por suas obras[24].

No entendimento de Paulo, quando alguém é justificado por obras, deve receber o pagamento daquilo que é seu direito[25]. As obras tornam os homens como credores de Deus e, em contrapartida, Deus como devedor dos homens. Paulo combate insistentemente essa idéia. Heber Campos[26] trata desse texto bíblico de modo a demonstrar que, para Paulo, a idéia de favor fica eliminada do conceito de obras. Portanto, a justificação pela fé é produto do favor de Deus e não, das obras.

Bavinck[27] explica que a justiça que é concedida ao homem através da fé e que o justifica diante de Deus e que foi alcançada pela paixão e morte de Cristo. Deus enviou Jesus como uma propiciação por meio da fé em seu sangue.

João Calvino[28] discorre sobre algumas referências bíblicas que tratam do verdadeiro sentido do termo justificação. Em Lucas[29], por exemplo, o evangelista diz que "todo o povo que o ouviu e até os publicanos reconheceram a justiça de Deus, tendo sido batizados com o batismo de João". E, ainda, que "a sabedoria é justificada por todos os seus filhos". Segundo Calvino, Lucas não afirma que o povo confere justiça, a qual continua sempre indivisa em Deus, uma vez que todos lhe arrisquem arrebatar, nem tampouco nessas passagens ambicione fazer a doutrina da salvação justa, a qual o é inerentemente. Ao contrário disso, ambas as afirmativas possuem o mesmo sentido de tributar a Deus e à sua doutrina o louvor que merecem. Em contrapartida, Jesus censurou os fariseus por justificarem a si mesmos, dizendo: "Mas Jesus lhes disse: Vós sois os que vos justificais a vós mesmos diante dos homens, mas Deus conhece o vosso coração; pois aquilo que é elevado entre homens é abominação diante de Deus" [30].

Sobre esse texto, Calvino comenta que os fariseus não alcançavam justiça agindo retamente, mas de forma ambiciosa, cobiçando um reconhecimento de justiça da qual estão

---

[23] Rm. 4.3: "Pois que diz a Escritura? Abraão creu em Deus, e isso lhe foi imputado para justiça".
[24] Cf. também Rm 4.2: "Porque, se Abraão foi justificado por obras, tem de que se gloriar, porém não diante de Deus".
[25] Rm. 4.4: "Ora, ao que trabalha o salário não é considerado como favor, e sim como dívida".
[26] CAMPOS. **A União das Duas Naturezas do Redentor**.
[27] BAVINCK. **Teologia Sistemática**, Fundamentos Teológicos da Fé Cristã.
[28] CALVINO. **As Institutas**. Edição Clássica.
[29] Lc 7.29.
[30] Lc. 16.15.

destituídos. Segundo Calvino, o apóstolo Paulo[31] diz que a Escritura previne que, pela fé, Deus haveria de justificar os gentios, não tendo outro sentido se não que, pela fé[32] a justiça é imputada por Deus. Da mesma forma, quando diz que Deus justifica o ímpio que, pela fé, pertence a Cristo, na qual não existe outro sentido, senão que pelo beneficio da fé os liberta da condenação que sua impiedade merecia. Daí, Paulo conclui, dizendo: "Quem intentará acusação contra os eleitos de Deus? É Deus quem os justifica. Quem os condenará? É Cristo Jesus quem morreu ou, antes, quem ressuscitou, o qual está à direita de Deus e também intercede por nós" [33].

Diante do texto da Carta de Paulo aos Rm, Calvino afirma ser exatamente como se estivesse a dizer: quem acusará aquele a quem Deus absolve? Quem condenará aquele a quem Cristo defende com sua proteção? Sua conclusão é que justificar é absolver da culpa aquele que era considerado culpado, comparando a uma inocência provada. Quando Deus justifica o homem pela intercessão de Cristo, ele absolve o homem não pela prova de justiça pessoal, e sim, pela imputação de justiça, tendo por sorte o homem ser justo em Cristo.

Num comentário ao texto de Atos[34], Calvino mostra a justificação se opõe à remissão dos pecados como que a guisa de interpretação. Ele chama a atenção dos leitores para observar que a justificação torna-se como uma absolvição, sendo abstraída às obras da lei, sendo proveniente da pura benevolência de Cristo, alcançada pela fé. Por fim se contrapõe à satisfação humana, sendo o homem justificado de seus pecados por meio de Cristo.

Anthony Hoekema[35] afirma que o verbo do A.T geralmente traduzido por *justificar* é *hitsdiq,* a forma *hifil*[36] *de tsadaq.* Segundo o autor, no léxico hebraico-inglês de Brown, *Drives e Briggs* apontam uma única vez[37] em que esse verbo no *hifil* pode significar *tornar justo* ou *conduzir à justiça*. Por outro lado, essa palavra é sempre usada no sentido forense e legal, significando *declarar judicialmente que alguém está em harmonia com a lei* em vez de significar *tornar justo*.

---

[31] Cf. com Gl. 3.8.
[32] O meio pelo qual a justiça de Deus é adquirida é exposto: pela fé (Rm 3.21-22). A fé não é a base da justificação, não é um fim em si mesma. A fé é o meio estabelecido por Deus para se obter a "justiça de Deus" (FERREIRA e MYATT, 2007, p. 798).
[33] Rm. 3.26.
[34] At. 13.38.39.
[35] HOEKEMA. **Salvos Pela Graça.**
[36]O Hifil em geral expressa a ação *causativa* do Qal. Qal Hifil, como no exemplo: Ele comeu ele fez comer, alimentou. Alguns verbos *simples* acham-se no Hifil. lançar, destruir, levantar cedo, explicar, contar. Essa forma representa 13.3% dos verbos analisados. Um verbo na forma do Hifil expressa uma ação causativa que envolve uma terceira pessoa. Ser justo, no Hifil significa *tornar justo* (Cf. com MENDES, **Op. Cit.**, p.160).
[37] Trata-se de Daniel 12.3: "Os que forem sábios, pois, resplandecerão como o fulgor do firmamento; e os que a muitos conduzirem à justiça, como as estrelas, sempre e eternamente".

Em Dt 25.1: "Em havendo contenda entre alguns, e vierem a juízo, os juízes os julgarão, justificando [*hitsdiqu*] ao justo e condenando ao culpado", observa-se neste texto que *hitsdiq* é contrastada com a palavra que significa *condenar*. Assim, o intento é apontar para o sentido legal da palavra. Mais uma vez, no texto de Provérbios 17.15[38], o termo não pode significar *tornar justo*. Seguramente a pessoa que transforma um injusto em um justo não seria abominação para o Senhor. Com isso, o sentido forense é *que declara ou proclama justo*.

No N.T, o verbo utilizado para significar *justificar* é *dikaioo*, usado 39 vezes. É aplicado no sentido de *declarar alguém justo* em Lucas. Em seu discurso em Antioquia da Psídia, Paulo diz: "[...] e por meio dele todo o que crê é justificado de todas as coisas das quais vós não pudestes ser justificados pela lei de Moisés"[39]. O versículo 38 de At. 13, citado acima, faz referência ao perdão dos pecados, implicando que o termo utilizado, *justificados de*, significa livramento da condenação do pecado.

Moulton e Milligan[40] propõem vários outros usos do termo *dikaioo* que se aproximam do emprego que Paulo faz da palavra. Num papiro datado de meados do primeiro século, o termo foi usado para fazer referência à sentença judicial – um paralelo que se faz ao uso paulino do termo. Com exceção ao uso em que a palavra é utilizada de modo especial em conexão com religiões de mistério, *dikaioo*, nos papiros do cristianismo do primeiro século, não significa nunca *infusão de graça*; ao contrário, sempre possui o significado forense. Gottlob Scherenk[41] declara que "em Paulo, o uso legal [de *dikaioo*] é certo e indisputável. [...] Para Paulo a palavra *dikaioun* não sugere a infusão de qualidades morais, [...] [ou] a criação da conduta justa. Implica a justificação do ímpio que crê, na base do ato justificador de Deus, na morte e ressurreição de Cristo".

1.2. Natureza e Características da Justificação

Alister E. McGrath[42], tratando da natureza da justificação, comenta que Lutero, em sua fase inicial, 1515-1519, entendia a justificação como um processo de transformação. Por este

[38] Lc. 18.14: "O que justifica o perverso e o que condena o justo, abomináveis são para o Senhor, tanto um como o outro".
[39] At. 13.39.
[40] MOULTON&MILLIGAN apud HOEKEMA. **Salvos Pela Graça.**
[41] GOTTLOB SCHERENK apud HOEKEMA. **Op. Cit.**, p. 162.
[42] McGRATH, **Teologia histórica:** Uma Introdução à História do Pensamento Cristão.

processo, o cristão era transformado gradativamente à semelhança de Cristo por meio de uma renovação interna, que, por sua vez, também consistia em um processo. Lutero fez uma analogia da justificação com uma pessoa doente que precisava de cuidados médicos, em comparação as suas preleções sobre romanos, a justificação diz respeito à transformação. No entanto, em seus escritos posteriores (1530), sob a influência da abordagem forense de Melâncton à justificação, Lutero começou a tratá-la como uma questão de ser declarado justo, e não mais como um processo de ser tornado justo. Lutero começou a considerar a justificação como um evento que era completado pelo processo distinto da regeneração e renovação interna através da atuação do Espírito Santo.

McGrath afirma que a justificação altera o status externo do pecador aos olhos de Deus, enquanto a regeneração altera a natureza interna do pecador. O Concílio de Trento[43] opôs-se firmemente ao entendimento da justificação como sendo uma declaração e que fosse distinta da regeneração e como *status* externo, defendendo energicamente a idéia associada originalmente a Agostinho de Hipona de que a justificação é um processo de regeneração e renovação interna do ser humano que não só realiza uma mudança externa quanto interna do pecador. Pelo Concílio de Trento foram apresentadas definições precisas da justificação:

> A justificação do pecador pode ser definida sucintamente como uma transladação de um estado no qual o ser humano é nascido filho do primeiro Adão para o estado de graça e adoção dos filhos de Deus por meio do segundo Adão, Jesus Cristo nosso Salvador. De acordo com o evangelho, essa transladação só se pode dar pela purificação da regeneração ou um desejo pela mesma, como está escrito, 'quem não nascer da água e do Espírito não pode entrar no reino de Deus' (Jo. 3.5) [44].

Por essa declaração de Trento, a justificação está incluída na idéia de regeneração. No capítulo sete, Trento expandiu, enfatizando que a justificação "não é somente uma remissão de pecados, mas também a santificação e renovação do ser interior por meio da recepção

[43] O Concílio de Trento Foi uma Assembléia importante de bispos e teólogos católicos que visava reformar a igreja diante das críticas protestantes e esclarecer e defender a doutrina católica. A Sexta Sessão, que se concentrou na doutrina da justificação, se encerrou em 1547; a Décima Terceira Sessão, que tratou da presença real, se encerrou em 1551 (MacGrath, 2007, p.210).

[44] AGOSTINHO apud McGRATH. **Teologia histórica:** Uma Introdução à História do Pensamento Cristão, p. 210-211.

voluntária da graça e dons pelos quais uma pessoa iníqua se torna uma pessoa justa". No cânon 11, esse ponto é ainda mais enfatizado, condenando qualquer um que ensinasse que a justificação ocorre "somente pela imputação da justiça de Cristo ou somente pela remissão dos pecados, deixando de fora a graça e a caridade. Trento entende que a justificação é de forma intima ligada aos sacramentos do batismo e da penitência. A justificação do pecador acontece primeiramente pelo batismo, entretanto, por causa do pecado, essa justificação pode ser perdida, sendo renovada pela penitência. O capítulo catorze afirma:

> Aqueles que por meio do pecado perderam a graça recebida da justificação podem ser justificados novamente quando, movidos por Deus, se esforçarem para recuperar por meio da penitência, através dos méritos de Cristo, a graça que foi perdida. Essa forma de justificação é restaurada para aqueles que caíram em pecado. Os santos patriarcas chamaram isso apropriadamente de 'segunda prancha depois do naufrágio da graça perdida'. Pois Jesus Cristo instituiu o sacramento da penitência em favor daqueles que caem em pecado depois do batismo [...] O arrependimento de um cristão depois de cair em pecado é, portanto, bem diferente daquele por ocasião do batismo.

Trento com isso declara em poucas palavras a tradição medieval que remonta a Agostinho, que entendia a justificação como sendo constituído tanto como um acontecimento quanto um processo, ou seja, ser declarado justo através da obra de Cristo, e o processo de ser tornado justo por meio da operação interna do Espírito Santo. Os reformadores como Calvino e Melâncton distinguia entre essas duas questões, entendia o termo *justificação* uma referência somente ao processo de ser declarado justo. Porém, o processo de renovação interna do ser humano eles chamavam de *santificação* ou *regeneração* e era teologicamente distinto.

1.3. Elementos da Justificação

Louis Berkhof[45] distingue dois elementos na justificação, sendo um negativo e o outro positivo. O elemento negativo trata da remissão dos pecados, tendo como base a obra expiatória de Cristo. Particularmente o elemento negativo da justificação, não de forma

---

[45] BERKHOF. **Teologia Sistemática.**

exclusiva, baseia-se na obediência passiva de Jesus Cristo. O perdão concedido na justificação estende-se a todos os pecados, sejam eles, passados, presentes e também futuros. Portanto, remove toda culpa e toda penalidade. O motivo está no fato que a justificação não se repete. Passagens bíblicas[46] garantem que ninguém pode lançar algo na conta do homem que foi justificado, ele está isento da condenação, sendo constituído herdeiro da vida eterna. Isso tudo não quer dizer que o homem não irá continuar a pecar depois de serem justificados[47]. Jesus Cristo, sabedor disso, ensinou seus discípulos a orar diariamente pelo perdão de seus pecados[48] e também temos exemplos bíblicos de pessoas constantemente suplicando e obtendo perdão[49].

O elemento positivo está condicionado particularmente na obediência ativa de Cristo. Os arminianos por negarem a imputação da obediência ativa de Cristo para com o pecador negam com isso esse elemento positivo da justificação. Os arminianos entendem a justificação no sentido que deixa o homem sem nenhum direito à vida eterna, estando na mesma situação de Adão antes da queda, embora, debaixo de uma lei diferente, a lei da obediência evangélica, sendo que o homem terá que buscar por merecer a aceitação da parte de Deus e em contrapartida a vida eterna, pela fé e obediência.

Berkhof refuta tal pensamento, observando que nas Escrituras, que a justificação significa mais que o perdão puro e simples. Ele cita exemplos bíblicos para comprovar tais elementos na justificação:

> A Josué, o sumo sacerdote, que, como representante de Israel, estava perante o Senhor usando vestes sujas, disse Jeová: 'Eis que tenho feito que passe de ti a tua iniqüidade (elemento negativo), e te vestirei de finos trajes' (elemento positivo), Zc 3.4. Segundo At 26.18, obtemos pela fé 'remissão de pecados *e herança entre os que são santificados'*. Romanos 5.1, 2 nos ensina que a fé nos traz não somente paz com Deus, *mas também acesso a Deus e alegria na esperança da glória*. E segundo Gl 4.5, Cristo nasceu sob a lei também "a fim de que recebêssemos a adoção de filhos"[50].

---

[46] Rm 5.21; 8.1, 32-34; Hb 10.14; Sl 103.12; Is 44.22.
[47] Tg 3.2; 1 Jo 1.8.
[48] Mt. 6.12.
[49] Sl. 32.5; 51.1-4; 130.3,4.
[50] BERKHOF. **Teologia Sistemática**, p. 519.

Louis Berkhof distinguiu nesse elemento positivo duas partes: O primeiro trata da adoção de filho. Na justificação o crente é adotado por Deus como filho, dá-lhe todos os direitos de filiação. Esta adoção é um ato legal, no qual Deus coloca o pecador no estado de filho, porém, não o transforma interiormente. O autor[51] faz distinção da filiação moral dos crentes que resulta na regeneração e santificação.

Em Romanos[52] é aplicado o termo *hyothesia* (de *hyios* e *tithenai*), que significa *colocar ou posicionar como filho*, e no grego clássico é sempre empregado para denotar uma colocação objetiva na posição de filho. O versículo imediato contém a palavra *tekna* (de *tikto*, *gerar*), que considera os crentes como gerados por Deus. O segundo trata do direito à vida eterna. Este é um privilegio que está incluído na parte precedente. Por serem adotados por Deus como filhos, tomam posse de todos os direitos legais de filhos e, em contrapartida, tornam-se herdeiros de Deus e co-herdeiros com Cristo[53], de todas as bênçãos da salvação na presente vida e, além de tudo, recebem o direito à 'herança incorruptível, sem mácula, imarcescível, reservada no céu' para eles[54].

Anthony Hoekema[55] discorre sobre dois elementos da justificação, o negativo e o positivo. O autor entende por lado negativo da justificação a benção do perdão de pecados. Aprofundando, ele diz que justificação significa uma mudança permanente em no relacionamento judicial com Deus, no qual o homem é absolvido da acusação de culpa e perdoado de seus pecados com base na obra consumada de Cristo. Sem Cristo, a relação judicial do homem é de condenação.

Isso significa, para os homens, permanecer condenado por causa do pecado, tanto o original, quanto os atuais. Hoekema afirma que, quando o homem é justificado, o seu relacionamento judicial é mudado da condenação para quitação. O lado negativo é que a mudança judicial é a remissão ou perdão dos pecados. Quanto à questão levantada por alguns, acerca de quais os pecados podem entrar no ato da justificação (os do passado, os do presente e os do futuro, incluindo o pecado original), alguns teólogos reformados têm hesitado diante

---

[51] Ibidem.
[52] Rm. 8.15
[53] Rm. 8.17.
[54] 1 Pe 1.4.
[55] McGRATH. **Teologia histórica:** Uma Introdução à História do Pensamento Cristão.

do pensamento de que os pecados futuros de um crente são perdoados na hora de sua justificação, pelo motivo de temer que alguns levem uma vida de lassidão moral ou entregue a preguiça espiritual na guerra contra o pecado.

Diante disso, alguns teólogos ensinam que a justificação não é um ato singular, mas um ato que necessita ser reproduzido cada vez que um cristão confessa seus pecados. Hoekema cita uma passagem relevante nesta questão, que mostra a justificação ocorrendo de uma vez por todas na vida do crente, e não de forma repetitiva.[56]. Neste texto, *edikaiosen* encontra-se no tempo aoristo e implica em uma ação, um evento. Quanto aos pecados futuros, Paulo declara aos Romanos: "Quem intentará acusação contra os eleitos de Deus? É Deus quem os justifica. Quem os condenará? É Cristo Jesus quem morreu ou, antes, quem ressuscitou, o qual está à direita de Deus e também intercede por nós"[57].

De maneira triunfante, conclama que nenhuma acusação poderá ser levantada com sucesso contra quem foi justificado. O entendimento do ponto de vista de Deus, portanto, não nenhuma objeção em afirmar que quando Deus justifica uma pessoa, perdoa seus pecados futuros tal como os do passado, o futuro do cristão está diante de Deus, como um livro aberto. William G. T. Shedd[58] faz a seguinte declaração quanto a esse assunto:

> A justificação de um pecado ré um ato abrangente de Deus. Todos os pecados de uma pessoa, passados, presentes e futuros, são perdoados quando ela é justificada. A soma total de seus pecados, tudo que está ante os olhos de Deus no instante em que ele pronunciou a justificação de alguém, é apagado ou coberto pelo ato de Deus. Conseqüentemente, não há repetição do ato de justificação na mente divina; tal como não há repetição da morte expiatória de Cristo, sobre a qual repousa a justificação.

Segundo Hoekema[59], o lado positivo da justificação, está na adoção do crente como filhos de Deus e a concessão do direito à vida eterna. Isso tudo ocorreu por que Cristo foi obediente, sofreu e suportou a penalidade pelos pecados dos homens e carregou a maldição no lugar deles[60].

---

[56] Rm. 8.30: "E aos que predestinou, a esses também chamou; e aos que chamou, a esses também justificou; e aos que justificou, a esses também glorificou".
[57] Rm 8.33-34.
[58] SHEDD apud HOEKEMA. **Salvos Pela Graça**, p. 187.
[59] HOEKEMA. **Salvos Pela Graça**, p. 187.
[60] Gl. 3.13; Rm 3.24-26; Rm. 5.8-10.

Cristo conquistou o perdão dos pecados para o cristão, por meio da *obediência à lei*[61]: ele cumpriu perfeitamente a lei no lugar do crente, adquirindo para o cristão o direito de ser adotados como filhos de Deus e de ter a vida eterna.

[61] Geralmente é feita uma distinção entre obediência ativa e a obediência passiva de Cristo. Como o mediador, Cristo é o segundo Adão, que obedeceu a seu Pai com integridade, e o fez para conquistar a vida eterna para o pecador. Isto constitui a obediência ativa de Cristo, que consiste em tudo que Cristo fez para observar a lei, no papel de representante da humanidade, como condição para obter a vida eterna. Sua obediência passiva consistiu no cumprimento da penalidade do pecado mediante seu sofrimento e morte, cancelando assim o débito de todo o seu povo. No entanto, devemos ter mente que as obediências ativa e passiva não podem ser separadas (FERREIRA e MYATT, 2007, p.603).

CONTEXTO HISTÓRICO DOUTRINA DA JUSTIFICAÇÃO

A doutrina da justificação, por ser um tema que envolve a salvação do homem, sempre esteve de alguma forma presente nos vários períodos da história cristã. Na Era Patrística, não havia um entendimento claro acerca desta doutrina que fosse coerente com o entendimento paulino da justificação pela fé. A Idade Média foi marcada pelos debates envolvendo a natureza da justificação e duas escolas se destacaram: a dos Dominicanos e a dos Franciscanos.

Os Dominicanos eram representados por Tomás de Aquino, os Franciscanos, por Duns Scotus. Os séculos XVI e XVII ficaram conhecidos como o período que mais foi voltado para a doutrina da justificação, tendo em vista que esse período é um marco na história da teologia devido aos vários debates envolvendo os protestantes e os católicos. Esse período é marcado pelo Concílio de Trento e as Confissões Reformadas. O período da Reforma e da Contra Reforma têm como questão principal a doutrina da justificação, e trouxe disputas e pontos divergentes no que concerne à doutrina.

A doutrina da justificação nesse inicio de século XXI é marcada por conceitos e pensamentos divergentes que envolvem os cristãos de várias linhas teológicas como, por exemplo, a católica, a reformada e a arminiana. A visão de cada uma destas linhas em relação à doutrina da Justificação será tratada a seguir, através do contraponto entre elas ao longo da história.

2.1. A dialética sobre a Justificação na Era Patrística (século II a V)

O termo *patrístico* tem origem da palavra latina *pater, pai*, designa tanto o período dos patriarcas ou pais da igreja quanto às idéias características que se desenvolveram nessa época.

O período patrístico foi um dos tempos mais empolgantes da história do pensamento cristão. É considerado, ainda na atualidade, como um período de importantes estudos em temas teológicos. Todas as principais igrejas cristãs, sejam elas católicas, reformadas, luteranas, anglicanas e ortodoxas orientais, consideram o período patrístico um marco decisivo no desenvolvimento das doutrinas cristãs. Nesse período, surgiram, tanto no Ocidente como no Oriente, teólogos fundamentais que contribuíram para sedimentação da teologia ortodoxa.

Nesse período, existiam duas escolas de pensamentos: Uma formada pelas igrejas do Oriente e outras pelas igrejas do Ocidente. As de língua grega apresentavam inclinações filosóficas e eram dadas às especulações teológicas. Já as do Ocidente, de língua latina, eram contrárias às interferências da filosofia na teologia.

Myatt e Ferreira[62] fazem uma síntese dos períodos patrístico e medieval dizendo que, para os pais da igreja, a salvação era descrita como algo dependente ora da graça de Deus, ora da cooperação voluntária do homem. Segundo eles, nem Agostinho soube distinguir bem entre a justificação e a santificação, porém, Agostinho atribuiu toda a obra da salvação à graça de Deus. Essa confusão por parte de Agostinho acerca da justificação e da santificação não foi corrigida pelos teólogos medievais, antes, foi intensificada.

Ficaram conhecidos como *Pais da igreja*, porque influenciaram e decidiram em algumas questões fundamentais, como, por exemplo, a doutrina da justificação. Da era patrística, a seguir serão abordados os pensamentos de Irineu e Tertuliano.

2.1.2. Irineu (130-200) & Tertuliano (155-225)

Alguns teólogos, historiadores, intérpretes, bem como alguns documentos da história do cristianismo, mostram que Irineu nasceu em Ermina (atual Turquia) na Ásia Menor, por volta de 120 e 135 a.C. Irineu viveu no século segundo e teve como principal batalha a defesa da sua fé: O combate contra o gnosticismo. Sua obra mais expressiva foi *Contra Todas as Heresias* (*Adversus omnes Haereses*). Essa obra representa uma respeitável defesa da visão cristã da salvação e, principalmente, do papel da tradição na fidelidade ao testemunho apostólico diante de interpretações não cristãs.

Irineu ressaltou a necessidade da fé como causa suficiente para levar à observância dos mandamentos de Cristo e tornar um homem justo diante de Deus. O conceito de mérito é

---

[62] MYATT e FERREIRA. **Teologia Sistemática.**

dominante em Tertuliano. Para ele, as boas obras acumulavam mérito junto a Deus, enquanto que as más obras exigiam satisfação. Apesar de empregar a ideia de satisfação para explicar a restauração de relacionamento entre cada pecador e Deus, ele simplesmente deixou de aplicá-la ao papel mediador de Cristo, desconsiderando o problema da expiação.

Seu entendimento era de que Deus recompensa ou pune com base nas obras, sejam elas, boas ou más. Caso ele não punisse não existiria motivo para temê-lo e fazer o que é correto. Esse pensamento propõe uma tendência de reduzir a obra de Cristo à "proclamação de uma nova lei e de uma nova promessa do reino dos céus"[63], apresentando-o como aquele que *ilumina e instrui a humanidade.*

Segundo Berkhof[64] Irineu não foi inteiramente claro em sua soteriologia. Ele ressaltou a necessidade de fé como pré-requisito para o batismo. Essa fé não seria mera aquiescência intelectual da verdade, mas também abrangeria a rendição da alma, resultando numa vida santa. A regeneração do homem estaria no batismo, seus pecados seriam lavados e uma nova vida iniciaria internamente no homem. Segundo Berkhof[65], Irineu não possuía um discernimento claro sobre a doutrina paulina da justificação pela fé, tendo em vista sua apresentação diferente da relação entre fé e justificação. Para Irineu, a fé, essencialmente, conduziria à observância dos mandamentos de Cristo, sendo ela auto-suficiente para tornar uma pessoa justa diante de Deus. Sendo esta pessoa dotada pelo Espírito de Deus a viver uma nova vida, característica fundamentalmente por produzir frutos de justiça, na forma de boas obras.

Berkhof afirma, ainda, quanto a Tertuliano, não assinalar nenhum progresso particular na doutrina da aplicação da obra de Cristo. O que fica evidente em Tertuliano é o reaparecimento do moralismo na visão de que o pecador, por meio de arrependimento, obtém a salvação mediante o batismo.

2.1.3 Agostinho de Hipona (354-430) & Pelagianos (350-423)

---

[63] IRINEU apud MYATT e FERREIRA. **Teologia Sistemática**, p. 766.
[64] BERKHOF. **A História das Doutrinas Cristãs**, p. 60
[65] BERKHOF. **Teologia Sistemática.**

Sproul[66] explica que o nome Pelagianismo tem sua origem a partir de um monge britânico que se engajou numa querela ardente com Agostinho na igreja primitiva. Pelágio, após tornar-se monge e eunuco, moveu-se em sua alma chamar a igreja para uma perseguição vigorosa da virtude e até mesmo da perfeição moral. Pelágio entendia que a natureza não requer graça a fim de cumprir suas obrigações. Ele discernia que o homem pode, por meio de seu esforço, conseguir tudo o que se solicita dele na moralidade e na religião.

Pelágio escreveu dezoito premissas. A décima quarta contém o início de um conceito de graça. Ele entendeu que a graça facilita a bondade, ou melhor, a graça de Deus facilita ao homem ser justo. Para ele, apesar de a graça assistir ao homem na busca da perfeição, ela não é, de maneira alguma, fundamental para que o homem alcance essa justiça. Com isso Pelágio está afirmando que o homem pode e deve ser bom sem a ajuda da graça, mas apenas com sua assistência. Segundo Sproul, "a resolução pelagiana do paradoxo da graça foi baseada numa definição de graça fundamentalmente diferente da definição agostiniana e foi aí que o debate apertou". Jaroslav Pelikan[67] conta que

> Espalhou-se que Pelágio estava 'contestando a graça de Deus'. Seu tratado sobre a graça dava a impressão de concentrar-se 'apenas no tópico da faculdade e capacidade da natureza, enquanto fez com que a graça de Deus consistisse quase que inteiramente disso'. Nesse livro, parecia que 'com cada argumento possível, ele defendia a natureza do homem contra a graça de Deus, pela qual o ímpio é justificado e pela qual nós somos cristãos.

Pelágio afirma, na décima sexta premissa, que a graça é dada não apenas pela lei, mas também, por meio de Cristo. Pelágio define também essa graça como *illuminatio et doctrina.* Sendo que a principal obra de Cristo foi fornecer um exemplo. Eis a carta escrita por Pelágio:

> Pelágio escreve [numa carta]: 'Nós, os que fomos instruídos pela graça de Cristo e nascidos de novo para uma humanidade melhor, que fomos expiados e purificados pelo seu sangue e incitados à justiça perfeita pelo seu exemplo, devemos ser melhores do que existiram antes da lei, e melhores também do que aqueles sob a lei'; mas o argumento total dessa carta, em que o tópico é simplesmente o conhecimento da lei como meio para a promoção da virtude, e também a declaração de que Deus abre os nossos olhos e revela o futuro 'quando nos ilumina com o dom multiforme e inefável da graça celestial', prova que para ele [...] a ' assistência de Deus' consiste, no final, apenas em instrução[68].

---

[66] SPROUL. **Sola Gratia**.
[67] PELIKAN apud SPROUL. **Sola Gratia**, p. 36 (ênfases do autor).
[68] PELÁGIO apud SPROUL. **Op. Cit.**, p. 38 (ênfase do autor).

A doutrina da graça de Pelágio é meramente o outro lado da sua doutrina do pecado. Todo o pensamento de Pelágio está na afirmação fundamental da inconversibilidade da natureza humana, ou seja, criada boa, ela sempre continua boa.

McGrath[69] menciona que Agostinho refuta essa posição de Pelágio sobre a natureza humana. Agostinho em sua obra *Tratado Sobre a Natureza e da Graça*, escrito no ano 415 d.C. Nessa obra, Agostinho identifica as conseqüências da queda para a natureza humana. Criada sem nenhuma imperfeição no início, mas sendo agora contaminada pelo pecado e só podendo ser restaurada pela graça.

Explica o autor que, durante o desenvolvimento da teologia na igreja oriental de língua grega, a doutrina da graça não era uma questão relevante, porém, uma controvérsia intensa a respeito dessa questão surgiu na segunda década do século V, quando Pelágio, um monge asceta britânico sediado em Roma, argumentou fortemente em favor da necessidade da responsabilidade moral humana.

Devido à devassidão moral da igreja romana, ele insistiu na necessidade de auto-aperfeiçoamento constante à luz da lei do Antigo Testamento e do exemplo de Cristo. Essa declaração de Pelágio lhe trouxe adversários, sendo um dos principais, Agostinho. Essa insistência de Pelágio dava a impressão de negar um lugar real para a graça divina no princípio e continuação da vida cristã. Com isso o Pelagianismo tornava-se conhecido como uma postura de autonomia humana, tornando os seres humanos capazes de tomar a iniciativa de sua própria salvação.

Agostinho reagiu violentamente contra o Pelagianismo, insistindo na prioridade da graça de Deus em todos os estágios da vida cristã, desde seu começo até o fim. Agostinho deixa claro que os seres humanos não possuem a liberdade necessária para iniciar os primeiros passos em direção à salvação. Assim, ele argumentava que os seres humanos não possuem *liberdade de vontade*, e sim uma vontade corrompida e manchada pelo pecado que os desviou em direção ao mal e para longe de Deus. Portanto, somente a graça de Deus pode neutralizar essa inclinação para o pecado. A argumentação e defesa de Agostinho da graça

---

[69] McGRATH. **Teologia histórica**.

foram tão intensas que ele ficou conhecido posteriormente como *o doutor da graça (doctor gratiae).*

Ele entendia que, se a humanidade fosse deixada por sua própria vontade, ela jamais poderia começar um relacionamento com Deus. Isso significa que nada que o homem pudesse fazer romperia as algemas do pecado. Um exemplo que MacGrath[70] utiliza é o do viciado em heroína ou cocaína. Necessita de uma intervenção de alguém de fora. Assim, também, diz Agostinho, Deus intervém no dilema humano. Deus não tinha a obrigação de fazer isso, mas a sua graça e o seu amor pelos homens decaídos o fez entrar na situação humana por meio da pessoa de Cristo com o propósito de redimi-los.

O entendimento de Agostinho sobre a *graça* é que ela é uma dádiva imerecida concedida por Deus, com intuito de romper voluntariamente o domínio do pecado sobre a humanidade. Agostinho ressalta que os recursos da salvação se encontram fora do homem, está em Deus. Sendo Deus aquele que começa o processo de salvação e não o homem.

Pelágio via essa situação de modo extremamente diferente. Ele ensinava que os recursos para a salvação estão dentro da pessoa. De forma individual, o homem possui a capacidade de salvar a si mesmo. Por não estar sob o domínio do pecado, possui a capacidade de realizar tudo aquilo que for necessário para a salvação. Pelágio discernia que a salvação é conquistada por meio de boas obras, levando Deus a ter uma obrigação para com o homem.

Segundo McGrath[71], Pelágio marginalizou a idéia da graça, entendendo-a em termos daquilo que Deus exige da humanidade a fim de que esta possa alcançar a salvação – como os dez mandamentos ou o exemplo moral de Cristo. O *ethos*[72] do Pelagianismo é resumido como *salvação por mérito*, enquanto Agostinho ensinava *salvação pela graça.*

O Concílio de Cartago (418 d.C.) se pronunciou em favor do entendimento de Agostinho a respeito da graça e do pecado e condenou o Pelagianismo de forma severa. Porém, várias formas de Pelagianismo permaneceram, por algum tempo, como um ponto contrastivo. Com o fim da Era Patrística e o início da Idade das Trevas na Europa, essa e

---

[70] Cf. com MCGRATH. **Teologia Histórica.**

[71] McGRATH. **Op. Cit.**

[72] A palavra *ética* deriva do grego *ethos* e originariamente significa costume como também o espaço vital (habitação) costumeiro. No uso lingüístico comum de hoje, o *ethos* pode expressar a atitude e conduta do indivíduo ou de uma comunidade ou, também, determinado tipo de *ethos*. Dessa maneira falamos do *ethos* bíblico e cristão (Cf. com Urbano Zilles, **Ética filosófica e ética cristã**. Disponível em http://www.esteditora.com.br/textos/.htm, consulta feita em 20 jul. 2010).

outras questões continuaram pendentes. Sendo retomadas posteriormente, ainda na Idade Média e, sobretudo, na era da Reforma.

Sproul[73] afirma que o *Terceiro Conselho Ecumênico em Éfeso* (431 d.C), realizado um ano após a morte de Agostinho, condenou o Pelagianismo. Schaff faz a seguinte observação sobre o sistema de pensamento pelagiano:

> Se a natureza humana não é corrupta, e a vontade natural é competente para todo o bem, não precisamos de um Redentor para criar em nós uma nova vontade e uma nova vida, mas apenas de alguém que nos melhore e enobreça; e a salvação é, essencialmente, obra do homem. O sistema pelagiano realmente não tem lugar para as idéias de redenção, expiação, regeneração e nova criação. Ele as substituiu pelos nossos próprios esforços de aperfeiçoar nossos poderes naturais e mera adição da graça de Deus como suporte e ajuda valiosa. Foi somente por uma feliz inconsistência que Pelágio e seus adeptos tradicionalmente permaneceram nas doutrinas da igreja da Trindade e da pessoa de Cristo. Logicamente, seu sistema conduzia a uma Cristologia racionalista[74].

Pelágio e Agostinho representam dois pontos de vista extremamente diferentes e com visões inteiramente desiguais sobre a forma como Deus e a humanidade se relacionam entre si. O Agostinianismo predominou na tradição teológica ocidental, enquanto o Pelagianismo manteve sua influência sobre muitos escritores cristãos ao longo dos tempos, principalmente daqueles que criam que uma ênfase sobre a doutrina da graça pode levar prontamente a uma desvalorização da liberdade e responsabilidade humanas.

2.2 A dialética na Idade Média (Séculos VI a XV)

A Idade Média abrange o período do final do século sexto à Reforma. Essa época é marcada por três características relevantes. A primeira passa pelo grande desenvolvimento da Igreja Latina em sua hierarquia, culto e doutrinas formuladas, além de suas superstições, corrupções e poder. A segunda decorre da extraordinária atividade intelectual despertada na

---

[73] SPROUL. **Op. Cit.**.
[74] SCHAFF apud SPROUL. **Op. Cit.**, p. 43.

área da especulação, sendo manifestada na multiplicação das cadeiras da erudição composta por mestres e na abundância de estudantes, que eram assistidos, e pelo interesse por temas de discussões cultas. A terceira ficou marcada, por movimentos difusos e variados que se manifestavam sobre questões internas da igreja, como o formalismo, a corrupção e a tirania da igreja externa. Esse movimento foi composto, por parte, entre o povo e pessoas de dentro da própria igreja[75].

McGrath[76] registra que os escritos resultantes, conhecidos como *Comentários sobre as Sentenças*, tornaram-se um dos gêneros teológicos mais notórios da Idade Média. Entre os exemplos de maior proeminência estão os comentários de Tomás de Aquino, Bonaventura e Duns Scotus.

2.2.1. Tomás de Aquino (1225-1274) & Semi-Pelagianos (360-529)

Tomás de Aquino era o filho mais novo do Conde Landulfo de Aquino e nasceu no castelo de Roccasecca, na Itália. Foi apelidado por *boi mudo*. Em 1244, final de sua adolescência, ele decidiu entrar para a Ordem Dominicana, conhecida como *Ordem dos Pregadores*. Seus pais rejeitaram essa idéia e esperavam que ele se tornasse beneditino, podendo chegar a ser abade de Monte Cassino, um dos cargos de maior prestígio na igreja medieval. Prevaleceu a vontade de Tomás de Aquino e ele se tornou um dos pensadores religiosos mais importantes da Idade Média.

Segundo Michael Horton[77], durante toda a Idade Média, a Igreja ocidental debateu a natureza da justificação. Horton trabalha algumas posições medievais sobre a doutrina. Começou com Tomás de Aquino que possuía sua própria visão acerca da justificação. Tratava-se somente de uma doutrina entre muitas. Segundo Horton, o lugar da justificação no entendimento de Tomás de Aquino estava ao redor de algum lugar, atrás ou abaixo de assuntos como regeneração, predestinação e santificação.

---

[75] Cf. com McGRATH. **Teologia histórica**: Uma Introdução à História do Pensamento Cristão.
[76] McGRATH. **Teologia histórica**: Uma Introdução à História do Pensamento Cristão.
[77] HORTON. **Cristo O Senhor:** A Reforma e o Senhorio na Salvação.

Charles Hodge[78] comenta que Tomás de Aquino discernia que a consequência da queda foi deixar os homens totalmente incapazes de salvar a si próprios e de poder fazer algo genuinamente bom aos olhos de Deus sem a assistência da graça de divina, tendo, porém, o poder de cooperar com essa graça. No entanto, o entendimento dos semipelagianos sobre o modo como ocorre essa cooperação diverge do ensino que estabelece que o homem pode iniciar a obra de sua conversão a Deus.

Os principais líderes do semipelagianismo[79] foram João Cassiano, monge oriental e discípulo de Crisóstomo, Vincent de Lerins e Fausto de Régio. Vincent de Lerins defendia a mais elevada doutrina concernente à igreja, e ensinava que a comunhão com ela em fé e ordenança era a única condição essencial de salvação.

Segundo Hodge, os semipelagianos estavam longe de concordar entre si, quer quanto ao pecado, quer quanto à graça. João Cassiano em seus ensinamentos sobre os efeitos do pecado de Adão em sua posteridade, admitiu que os homens não podem salvar a si mesmos; mas sustentou que não eram espiritualmente mortos: eram enfermos, necessitados do constante auxílio do *grande médico*. Outro ensinamento de Cassiano era que o homem, às vezes, inicia a obra de conversão a Deus; em outras vezes, é Deus quem o faz, podendo, em certo sentido, Deus salvar o indisposto.

2.2.2. Duns Scotus (1265-1308) & Dominicanos (1216-1234)

Após os semi-pelagianos, surge o contraste entre Duns Scotus e os Dominicanos. Charles Hodge[80] trata da biografia de Duns Scotus, dizendo que ele era franciscano, professor de teologia em Oxford, Paris e Colônia, onde morreu em 1308 d.C. Foi um grande opositor de Tomás de Aquino, no que se refere à questão do pecado original, unindo-se aos semipelagianos. Entendia que o homem necessita de assistência divina, não podendo fazer o bem, nem se tornar bom, sem a graça de Deus. Essa dependência é mais da criatura em relação ao criador do que do pecador em relação ao Espírito de Deus.

---

[78] HODGE. **Teologia Sistemática**.

[79] Semipelagianos eram teólogos do quinto e sexto séculos que tentaram manter-se entre os pontos de vida de Agostinho e de Pelágio com respeito à prioridade da graça divina (Agostinho) e da vontade humana (Pelágio) no trabalho inicial da salvação (Cf. com HOEKEMA. **Salvos Pela Graça**, p. 87).

[80] HODGE. **Op. Cit.**

O esforço de Scotus pode ter sido o de reduzir o supernatural ao natural; de perturbar a distinção feita firmemente na Bíblia e pela igreja no que se relaciona a eficácia providencial de Deus por toda a parte presente e operando sempre nas e com as causa naturais, e à eficiência do Espírito Santo na regeneração e santificação da alma. Ele afirmou a "necessidade de um ato absolutamente altruísta de contrição (lamento) e de amor por Deus pelos meios naturais para que uma pessoa pudesse ser salva"[81].

Segundo Horton, Lutero refuta tal pensamento devido esse caminho de justificação impedir Deus de beneficiar publicanos e pecadores. Caso isso fosse verdade, Deus não seria verdadeiramente livre. Há, ainda, o pensamento medieval, dos rigorosos agostinianos que insistiam na prioridade da graça, devido à predestinação. Eles entendiam como absolutamente correto que fosse possível ser justificado algum dia no futuro. Para muitos agostinianos, a justificação era entendida primeiramente como uma transformação moral. Eles não a entendiam como uma declaração legal distinta de quaisquer condições morais antecedentes. Michael Horton acrescenta que:

> O consenso medieval que venceu veio a ser conhecido pelo nome técnico de semipelagianismo – do debate do final do século quarto e início do quinto entre Agostinho, defensor da graça, e Pelagio, um monge que negava o pecado original e, portanto, a necessidade da graça sobrenatural. Embora o sínodo de Orange (529 a. D.) tenha condenado tanto o pelagianismo quanto o semipelagianismo, a heresia das obras de justiça, erguida sob a fundação do livre-arbítrio, cresceu cada vez mais entre as massas populares e até mesmo entre os teólogos[82].

Os Reformadores refutaram essa posição afirmando que, por necessidade, essa era uma teologia da dúvida, do medo e, finalmente, do desespero de nunca alcançar a salvação. Seria necessário ser santificado suficientemente em primeiro lugar a fim de merecer a graça justificadora.

Charles Hodge[83] explica que os Dominicanos e Franciscanos foram, e continuaram sendo, por muito tempo, as duas ordens monásticas mais poderosas da Igreja de Roma. Os dois grupos eram antagônicos em muitos pontos e também divergiam na doutrina do pecado. Os dominicanos foram chamados de tomistas, por serem discípulos de Tomás de Aquino. Em contrapartida, os franciscanos foram denominados escotistas, por serem seguidores de Dons

---

[81] SCOTUS apud HORTON. **Cristo O Senhor:** A Reforma e o Senhorio na Salvação, p. 207.
[82] HORTON. **Cristo O Senhor:** A Reforma e o Senhorio na Salvação, p. 208.
[83] HODGE. **Teologia Sistemática**.

Scotus. Eles se opunham à visão do pecado original. Os tomistas pendiam para um agostinianismo moderado; enquanto os escotistas para o semipelagianismo.

Justo Gonzalez[84] comenta que no século XVI, a escola dominicana de teologia apresentou muito mais vigor em comparação a de seus colegas franciscanos. Para os franciscanos esse período foi marcado por divisões e pouco desenvolvimento teológico. Em contrapartida a teologia católica foi dominada a princípio pelos dominicanos que, no decorrer daquele século, tiveram de compartilhar com a Sociedade de Jesus.

2.3. A dialética nos Séculos XVI e XVII

Entre as décadas de 1520 e de 1530, muitos líderes e teólogos católicos romanos convocaram um novo concílio ecumênico para fazer frente à grande revolução protestante e, em contrapartida, reformar a igreja a começar por dentro. Entre os reformadores mais influentes nesse movimento católico, estava Erasmo de Roterdã. Outros reformadores católicos pediram também mudanças na igreja. Líderes como os Cardeais Gasparro Contarini (1483-1542) e Jacopo Sodoleto (1447-1547), almejavam a unificação entre Roma e os luteranos. Um sentimento de revolta no meio dos líderes era visível nessa época por causa da degradação da igreja[85].

O desejo deles era ter clérigos cultos, genuinamente celibatários, residentes em suas paróquias e pregadores do evangelho ao estilo romano. E eles almejam também que os papas se dedicassem exclusivamente nas questões espirituais, deixando como, por exemplo, as guerras e a política para os governantes seculares. Eles queriam que a igreja confessasse, ainda, de forma clara e oficial, quais eram as crenças e as obrigações de um bom cristão católico em termos de doutrina e de prática.

No dia 11 de novembro de 1544, o papa Paulo III promulgou um decreto de convocação do *XIX Concílio Ecumênico da Igreja*, que foi realizado na cidade italiana de Trento, ocorrendo no mês de março de 1545. Havia o interesse do Imperador Carlos V em que

---

[84] GONZALEZ. **Uma História do Pensamento Cristão:** Da Reforma Protestante ao século 20.
[85] Cf. com OLSON. **Histórias da Teologia Cristã.**

o concílio promovesse o reconciliamento dos protestantes com os católicos romanos. O papa esperava que o concílio definisse de maneira nítida as diferenças entre ambos e que deixasse claro que os protestantes eram hereges e que a verdadeira igreja era a igreja católica. Segundo Olson, o *Concílio de Trento* obteve sucesso espetacular em relação aos Concílios anteriores.

2.3.1 O Concílio de Trento & Confissões Reformadas

O Concílio de Trento foi a *peça*, ou melhor, a *jóia* católica da reforma. Olson menciona a exclamação de Cardeal da igreja: "Nenhum concilio na história da igreja respondeu a tantas perguntas, resolveu tantas questões de doutrina ou promulgou tantas leis"[86]. Para a igreja católica romana, Trento representou uma concretização magnífica que definiu o dogma e unificou a igreja contra as heresias de várias seitas protestantes. O papa Pio IV, em seu leito de enfermidade, deu seu parecer à conclusão do Concílio da seguinte maneira: "Tudo foi feito pela inspiração de Deus". Olson afirma que certo tradicionalista católico moderno[87] fez a seguinte afirmação:

> Nas principais diferenças entre a tradição católica e a doutrina herética, o Concílio fala e determina de modo resoluto o que se deve crer. Seu feito é de vital importância e garante à igreja a estabilidade de seus alicerces, coloca a verdade revelada acima do debate e estabelece regras que ninguém poderia rejeitar então, sem com isso cair em heresia.

Em contrapartida, os protestantes entenderam o concílio como um jogo reacionário de poder, que endureceu as categorias e sentenciou como heresia justamente o evangelho, o qual os reformadores tentavam recobrar.

O grande Concílio de Trento promulgou vários decretos e cânones doutrinários, ou seja, afirmações de crença oficial (dogmas) e condenações para quem as negava. O *pivô* da reforma protestante, Lutero, bem como os seus seguidores foi declarado por Trento como heresiarca e suas crenças foram anatematizadas, ou melhor, condenadas. Com esse Concílio, a

---

[86] OLSON. **Histórias da Teologia Cristã**, p. 456.

[87] Olson não fornece o nome desse tradicionalista católico, apenas cita a obra e a página de onde ele retirou a afirmação acima. A obra, que pertence a Henri Daniel, é *Rops, the Catholic reformation*, p. 99.

igreja católica definiu sua autoridade, impondo o que a membresia deveria crer. Quem se opusesse a qualquer de seus decretos ou cânones sujeitar-se-ia a ser chamado de herege.

Roger Olson[88] afirma que, na questão da doutrina da justificação, Trento respondeu ao protestantismo *batizando* como dogma a doutrina unificada católica romana da justificação. O Concílio em sua sexta sessão (1546-1547) redigiu, após longo debate, o decreto sobre a justificação, definido como a "passagem do estado em que o homem nasceu do primeiro Adão ao estado da graça e adoção como filhos de Deus [...] pelo segundo Adão, Jesus Cristo nosso Salvador. Depois da promulgação do evangelho, essa transformação não pode ocorrer sem à água da regeneração (o batismo) ou o desejo por ela".

Trento foi mais longe quando decretou que a *justificação* não seria apenas remissão dos pecados, mas a santificação e renovação interior da pessoa pela aceitação voluntária da graça e dos dons pelos quais uma pessoa se torna justa. Isso significa que Trento identificou a *justificação* com a *santificação* e as tratou como os *dois lados da mesma moeda* da salvação. O Concílio também distinguiu a justificação como infusão de fé, esperança e caridade (amor) pela presença do Espírito Santo no batismo, rejeitando a ideia de que os homens salvos são apenas *considerados justos*.

Trento posicionou-se em relação à justificação, afirmando que as pessoas que são salvas tomam a justiça (retidão) para si como se fosse sua, de acordo com a disposição e colaboração de cada uma. Isso significa que Trento, na prática, rejeitou a justiça forense ou alheia, bem como o monergismo[89]. Os protestantes entenderam esta decisão como uma declaração de que os cristãos somente são justificados quando são santificados, o quer dizer que, devido à santificação depender da cooperação com a graça de Deus pelos homens, conclui-se que a justificação dependeria também das obras das pessoas.

Segundo Olson, o Concílio, após a decretação sobre a justificação, pronunciou trinta e três cânones sobre essa mesma doutrina, as quais correspondem a condenações (anátemas) de opiniões divergentes. O cânon IX traz a seguinte declaração: "Se alguém disser que o pecador

---

[88] OLSON. **Histórias da Teologia Cristã**, p. 457.

[89] O oposto do Sinergismo é o monergismo, que corresponde à teoria de que o homem não tem nenhuma responsabilidade em sua própria salvação, sendo salvo ou condenado exclusivamente pela decisão soberana de Deus. Os pensadores cristãos de diversas épocas desenvolveram diferentes formas de sinergismo, tais como o pelagianismo, o semipelagianismo e o sinergismo arminiano, entre outros. (Cf com Wanderley Santana. **Estudos, reflexões, etc. e tal**. Disponível em http://wanderleysantana. zblogspot.com/2010/08/sinergismo-nao-e-pelagianismo.html. Acesso em 03 nov. 2010).

é justificado pela fé somente, no sentido de nenhuma outra cooperação ser exigida para se obter a graça da justificação, e que não é necessário, de modo algum, que ele esteja preparado e disposto pela ação de sua vontade, seja anátema". O cânon XI acrescenta:

> Se alguém disser que os homens são justificados somente pela imputação da justiça [retidão] de Cristo ou somente pela remissão dos pecados, sem a graça e a caridade [amor] vertida em seu coração pelo Espírito Santo e se torna inerente a ele, ou mesmo que a graça que nos justifica é somente a boa vontade de Deus, seja anátema[90].

Os protestantes entendiam o cânon XXXII como prova sólida de que a igreja católica romana seguia a justiça pelas obras. O resultado final desses decretos e cânones de Trento a respeito da justificação foi a rejeição da soteriologia protestante e a alienação dos próprios protestantes. Trento deixou clara sua posição ao negar a salvação somente pela fé e converter a justificação em processo que engloba a colaboração da vontade humana e as boas obras meritórias. Os protestantes entenderam que esse cânon era o maior ultraje já proferido contra o evangelho:

> Se alguém disser que as boas obras de um homem justificado são dádivas de Deus, a tal ponto de não serem também os bons méritos do próprio homem justificado, ou que, pelas boas obras que realiza pela graça de Deus e pelos méritos de Jesus Cristo, [...] o homem justificado não merece verdadeiramente um aumento da graça, da vida eterna e, na condição de morrer em estado de graça, alcançar a vida eterna e nem merecer um pouco mais de glória, seja anátema[91].

Trento também asseverou a prioridade da graça acima de tudo, ou seja, sem a graça preveniente de Deus para capacitar o homem, ninguém teria capacidade de realizar obras verdadeiramente boas. Entretanto, a retidão outorgada pela justificação não é pura dádiva. A disposição de merecê-la e possuí-la pode ser dádiva, porém, a retidão, em si, é parcialmente recompensada. Com essa declaração, os protestantes ficaram horrorizados, da mesma forma

---

[90] OLSON. **Histórias da Teologia Cristã**, p. 458.

[91] Ibidem, 458-459.

que os católicos ficaram diante da justiça forense dos protestantes que, segundo eles, parecia ser *ficção jurídica.*

Anthony Hoekema[92] discorre sobre a justificação nas Confissões Reformadas. Confissões essas que a Igreja escreve com o intuito de sumariar seus ensinos bíblicos e dispor de uma expressão articulada da fé cristã. Essas confissões reformadas datam do século XVI e XVII e mostram o pensamento da ala calvinista dos protestantes reformados. Ao fazer-se um exame do que essas confissões afirmam sobre justificação, nota-se que existe extrema diferença entre a sua posição e a dos Cânones e Decretos de Trento.

2.3.1.1 O Catecismo de Heidelberg (1563)

A pedido do Rei Frederico, esse catecismo foi escrito por Zacharias Ursinus, professor da Universidade de Heidelberg, e por Caspar Olevianus, pregador da corte. O Catecismo de Heidelberg tem-se tornado o mais pastoral dos credos da Reforma. A pergunta e resposta 60 descrevem a justificação como uma das mais calorosas:

> **P**. Como você é justo para com Deus?
> **R**. Só pela fé em Jesus Cristo. Mesmo que me acuse a consciência de haver pecado gravemente contra todos os mandamentos, e de não haver jamais guardado qualquer deles e mesmo que eu esteja ainda inclinado a todo pecado não obstante, sem merecer de forma alguma, só pela sua graça, Deus me assegure e credita a mim a perfeita expiação, justiça e santidade em Cristo, como seu eu nunca houvesse pecado ou sido pecador, como se eu tivesse sido perfeitamente obediente como Cristo foi obediente por mim. Tudo o que preciso fazer é aceitar o dom de Deus com um coração crente.

Diante dessa resposta, as seguintes observações são levantadas: Primeiramente, a aceitação da justificação anda lado a lado com uma profunda convicção e inclinação ao pecado. Segundo, a justificação é um dom completamente imérito da graça de Deus. Terceiro a justificação nesta resposta não significa *infusão de graça* e, sim, imputação da perfeita satisfação e justiça de Cristo ao crente pecador. Quarto, os aspectos negativos e positivos da justificação são declarados: Deus perdoa os pecadores e olha para a pessoa como se tivesse

---

92 HOEKEMA. **Salvos Pela Graça.**

sido perfeitamente obediente como Cristo foi. Por último o homem recebe essa benção pela fé somente. [93]

2.3.1.2 A Confissão Belga (1561)

Foi escrita por Guido de Brés, que a pregava nas igrejas reformadas da Bélgica. O artigo 22 discorre também sobre a doutrina da justificação:

> Dizemos junto com Paulo, com acerto, que somos justificados pela fé 'somente' ou pela fé 'sem obras' (Rm 3.28). Não dizemos que é a própria fé que nos justifica-pois a fé é apenas o instrumento pelo qual abraçamos a Cristo, justiça nossa. Jesus Cristo é a nossa justiça colocando ao nosso dispor todo seu mérito e toda santa obra que ele faz por nós e em nosso lugar. A fé é o instrumento que nos mantém juntos com ele na comunhão de todo seu benefício. Quando esses benefícios são feitos nossos, são mais do que suficientes para absolvermos de nossos pecados.

Esse artigo acima mostra que o homem é justificado pela fé somente à parte das obras, tendo Cristo como justiça. Outro ponto é que a fé não é obra meritória e, sim, instrumento. Os benefícios de Cristo são suficientes para cobrir os pecados dos homens.

2.3.1.3 A Confissão de Fé de Westminster (1647)

Conhecido como credo calvinista puritano, foi confeccionado por 131 pastores e 30 leigos na Capela de Westminster, em Londres e é a última das confissões reformadas clássicas. A Confissão de Fé de Westminster[94] no capítulo XI traz a seguinte afirmação sobre a doutrina da justificação.

---

[93] Cf. com HOEKEMA. **Salvos pela graça.**

[94] **A CONFISSÃO DE FÉ DE WESTMINSTER**, p.100.

> O que Deus chama eficazmente também livremente justifica. Esta justificação não consiste em Deus infundir neles justiça, mas em perdoar os seus pecados e em considerar e aceitar as suas pessoas como justas. Deus não os justifica em razão de qualquer coisa neles operada ou por eles feita, mas somente em consideração da obra de Cristo... imputando-lhes a obediência e a satisfação de Cristo, quando eles o recebem e se firmam nele pela fé, fé esta que possuem não como oriunda de si mesmos, mas como dom de Deus.

As três Confissões mostram que a justificação é descrita como um dom de Deus e que ela é recebida pela fé. Não há nenhum mérito no homem. É um dom imerecido da graça de Deus. A justificação é imputada e não infusa no homem, está à parte das obras. Por fim ela reside no perdão dos pecados por causa de Jesus Cristo[95].

Segundo Anthony Hoekema, a Igreja Católica do Século XVI opôs-se frontalmente aos ensinos protestantes sobre a justificação da maneira como foi desenvolvida por Lutero e Calvino. Esta posição católica pode ser vista nos Cânones e Decretos da sexta sessão do Concílio de Trento, ocorrida no período que foi de 21 de junho de 1546 a 13 de janeiro de 1547. O capítulo 7 da sessão 6 sobre a visão de justificação que o *Concílio de Trento* coloca nessa sessão:

> Quando no ato de ser justificado, ao mesmo tempo em que seus pecados são remidos, um homem recebe através de Jesus Cristo, a quem ele é unido, a infusão dos dons da fé, esperança e caridade. 'A justificação não é somente a remissão de pecados [...], mas santificação e renovação do interior do homem através de voluntária recepção de graça e dons, pelos quais um homem se torna justo ou injusto' [96].

Percebe-se que, para Trento, o cerne na justificação é a renovação espiritual e moral do ser humano, em oposição ao perdão de pecados. A justificação não é entendida como forense ou declarativa, mas como uma infusão de graça que move a santificação.

Segundo John MacArthur Jr.[97], o *Concilio de Trento* emitiu em nota de repúdio a *sola fide*: "Se qualquer pessoa disser que pela fé somente o pecador é justificado, com o sentido de que nada mais seja requerido para cooperar a fim de obter a graça da justificação [...] que seja

---

[95] Cf. com HOEKEMA. **Salvos Pela Graça.**
[96] HOEKEMA. **Salvos Pela Graça**, p.169.
[97] MACARTUR. **Justificação Pela Fé Somente:** a marca da vitalidade espiritual da igreja, p. 18.

ele anátema". Trento afirma com essas palavras que qualquer pessoa que afirme ter sua justificação baseada na fé somente sem as obras será condenada à maldição eterna.

A analogia que pode ser feita da doutrina católica sobre a justificação, cabe como aquilo que Paulo condenou como sendo *outro evangelho*. A Bíblia deixa claro que Deus "atribui justiça, independentemente de obras" (Rm 4.4-6). Não há esse ensinamento católico nas Escrituras. Paulo vai além, considerando todas as outras coisas como lixo e refugo por amor a uma doutrina correta da justificação (Fp 3.8,9).

2.3.2 Reforma & Contra-Reforma

Louis Berkhof[98] afirma que, antes do período da Reforma, alguns dos mais antigos *Pais da igreja*, já falavam da justificação pela fé. Vale ressaltar que eles não tinham ainda um claro entendimento da justificação e da sua relação com a fé. Tampouco, sabiam distinguir agudamente entre a regeneração e a justificação. Segundo o autor, nem mesmo Agostinho tinha a real compreensão da justificação como ato legal, distinto do processo moral da santificação, embora seus ensinos deixem claros e também por declarações isoladas, que ele entendia a graça de Deus na redenção dos pecadores como livre (gratuita), soberana e eficaz, e de maneira nenhuma dependente dos méritos dos homens.

McGrath[99] comenta que um dos períodos críticos da teologia cristã se iniciou no século XVI, tendo como acontecimento mais relevante a Reforma, um movimento que procurou conduzir a igreja ocidental a fundamentos mais bíblicos, em prol de sustentar seus sistemas de crenças, moralidade e estruturas. De início, a Reforma nasceu da formação de um grupo de igrejas protestantes na Europa.

Wayne Grudem[100] afirma que uma correta visão da justificação é absolutamente crucial para a fé cristã como um todo. O exemplo é Lutero que, mesmo já sendo cristão, apenas depois que ele entendeu a verdade da justificação somente pela fé, tornou-se cristão e, por meio de sua descoberta, experimentou um evangelho transbordante em sua vida. A

---

[98] BERKHOF. **Teologia Sistemática.**
[99] McGRATH. **Teologia histórica.**
[100] GRUDEM. **Teologia Sistemática.**

doutrina da justificação foi a questão principal para a *Reforma Protestante*, trazendo disputa na relação com a Igreja Católica Romana.

O autor afirma que o verdadeiro entendimento da justificação, salvaguarda a verdade do evangelho para as gerações futuras. E, mesmo nos dias atuais, a visão correta da justificação é a linha divisória entre o evangelho bíblico da salvação somente pela fé e os falsos evangelhos baseados nas boas obras.

Historiadores e teólogos utilizam o termo *Reforma* para referir-se ao movimento da Europa ocidental que teve como expoentes Martinho Lutero, Ulrico Zuínglio e João Calvino que promoveram a reforma moral, teológica e institucional da igreja cristã nessa região. O primeiro período da Reforma decorre da dominação do programa elaborado de Martinho Lutero. Segundo McGrath[101], Lutero ao perceber que a igreja havia caído num pelagianismo involuntário, proclamou a doutrina da justificação pela fé a todos que lhe deram ouvidos. A doutrina da justificação pela fé é associada particularmente à Reforma Luterana.

McGrath explica que existe um consenso de que a doutrina da justificação pela fé teve uma importância crítica para a Reforma. Chegando ao fim da Idade Média, uma idéia havia se tornado particularmente expressiva: a da justificação. O substantivo *justificação* e o verbo *justificar* adquiriram o sentido de *ingressar num relacionamento correto com Deus* ou, *ser feito justo aos olhos de Deus*. Contraiu o significado de que a doutrina da justificação versava sobre aquilo que um indivíduo necessitava fazer a fim de ser salvo.

McGrath afirma que fontes contemporâneas[102] indicam que essa pergunta tornou-se frequente no começo do século XVI. Com o surgimento do humanismo, houve uma nova ênfase sobre a consciência individual, trazendo uma nova percepção da individualidade humana. O resultado deste despertar da consciência individual foi o novo interesse em relação à doutrina da justificação. O cerne está na questão de como os seres humanos, como indivíduos, poderiam ingressar num relacionamento com Deus. De qual modo um pecador podia esperar fazer isso? Essa interrogação contava com o interesse teológico de Martinho Lutero, tornando-se predominante na fase inicial da Reforma.

Lutero deu ênfase ao fato de que os pecadores não possuíam nenhuma justiça em si mesmos. Não havia nada dentro deles que pudesse ser considerada a base para a decisão

---

[101] McGRATH. **Op. Cit.**, p. 186.

[102] MACGRATH não cita quais são essas fontes contemporâneas.

graciosa de Deus de justificá-los. A doutrina desenvolvida por Lutero da "justiça alheia de Cristo (*iustitia Christi aliena*)"[103] deixa a certeza que a justiça que justifica os pecadores se encontrava fora deles. Era imputada, e não dada; era externa, e não interna.

O Concílio de Trento defendeu fortemente a idéia agostiniana de justificação com fundamentos numa justiça interna. No capítulo sete, Trento apresenta esse ponto:

> A causa formal (ou justificação) única é a justiça de Deus – não a justiça pela qual ele próprio é justo, mas a justiça pela qual ele nos torna justos, de modo que, ao sermos dotados da mesma, somos '[renovados] no espírito do [nosso] entendimento' (Ef. 4.23), e não apenas considerados justos, mas chamados, de fato, de justos... Ninguém pode ser justo se não pela transmissão por Deus dos méritos da paixão de nosso Senhor Jesus Cristo a esse indivíduo, o que ocorre na justificação do pecador[104].

Segundo McGrath, uma causa *formal* é uma causa direta ou mais imediata de algo. Com isso, Trento está declarando que a causa direta da justificação é a justiça que Deus concede em sua graça – contrastando com causas mais distantes de justificação, com a causa *eficiente* (Deus) ou a *causa meritória* (Jesus Cristo). Na questão da afirmativa *única, Trento* deliberou eliminar a ideia de que podia existir mais de uma causa. Portanto, a causa direta única da justificação era o dom interior da justiça.

O termo *Reforma Católica* é usado em referência ao reavivamento dentro do catolicismo no período posterior ao início do *Concílio de Trento* (1545). Obras acadêmicas mais antigas denominam o movimento de *Contra Reforma.* A igreja católica romana desenvolveu meios de combater a *Reforma Protestante* com o propósito de limitar sua influência. McGrath explica que a igreja católica romana se opôs à Reforma, reformando-se também internamente com a finalidade de remover as críticas protestantes. O *Concílio de Trento*, que foi o elemento principal da *Reforma Católica*, esclareceu os ensinamentos católicos acerca de muitas questões confusas e inseriu mudanças necessárias na conduta do clero: disciplinas eclesiásticas, educação religiosa e atividade missionária.

Louis Berkhof[105] esclarece que a doutrina da justificação foi o grande princípio material da Reforma. Após a Reforma, no que tange à natureza da justificação, os

---

[103] MACGRATH. **Teologia histórica,** p.212 (ênfases do autor).
[104] Idem.
[105] BERKHOF. **Teologia Sistemática**.

reformadores consertaram o equívoco de confundir a justificação com a santificação, ressaltando o seu caráter legal e descrevendo-a como um ato da livre graça de Deus pela qual ele perdoa os pecados e aceita os pecadores como justos aos seus olhos, porém, não muda o homem interiormente.

No que concernem à base da justificação, os reformadores rejeitaram a ideia de Roma de que ela se encontra, ao menos em parte, na justiça inerente dos regenerados e nas boas obras e, em contrapartida, substituíram pela doutrina que está baseada no fundamento unicamente na justiça do Redentor imputada ao homem. Os reformadores rejeitaram a doutrina de uma justificação progressiva.

2.3.3 Calvino & Osiander

Charles Hodge[106] afirma que, na época dos reformadores, aconteceram debates na Igreja Luterana que trouxe uma controvérsia renhida sobre a natureza da justificação. Isso tudo aconteceu por causa dos conceitos de Andreas Osiander, que possuía uma extraordinária erudição e de uma mente especulativa objetiva. Egrégio pregador e professor, Osiander teve como principal obra *De Único Mediatore Jesu Christo et Justificatione Fidei. (O Único mediador Jesus Cristo, Justificação pela Fé) Confessio (Confissão) Andreae Osiandri.*

Ele possuía algumas diferenças quanto a seu ensino e opinião, referente ao ensino da doutrina da justificação dos reformadores. Primeiramente, Osiander ensinou que Cristo redimiu o pecador pela satisfação que ele deu à justiça divina. Segundo, negou que essa fosse alguma parte da justificação dos homens. Terceiro, sustentava que justificar não expressa declarar justo e, muito menos, tornar justo no sentido judicial ou forense e, sim, tornar inerente e subjetivamente justo e santo. Quarto, a justiça de Cristo, pela qual o crente é justificado, e que ele recebe pela fé, e que lhe é imputada no juízo de Deus, não é, como os protestantes ensinaram, obra de Cristo, consistindo no que Cristo fez e sofreu como substituto dos pecadores. Também não o é como os romanistas ensinaram, obra do Espírito Santo, consistindo na infusão de uma natureza santa ou novos hábitos da graça e, sim, é a *justiça essencial de Deus,* a *essência divina, Deus mesmo.* Quinto, consequentemente, o fundamento

---

[106] HODGE. **Teologia Sistemática.**

imediato e real da aceitação da pessoa por Deus, e da recepção da pessoa no céu, é o que a pessoa é, ou aquilo em que torna a pessoa em virtude dessa habitação de Deus na alma.

Ao tratar das falácias da doutrina da justiça essencial formulada por Osiander, João Calvino refuta-a chamando-a de mostro, por não ter base, fundamento, por não ser clara em relação ao tipo de justiça de que se tratava, apesar de não extinguir a justiça graciosa: "Todavia a envolveu deste nevoeiro, que priva as mentes pias, assim entenebrecidas do sério senso da graça de Cristo"[107].

Segundo Calvino, Osiander tenta, por meio de várias passagens bíblicas, fundamentar suas idéias a respeito de que Cristo é um com o homem, assim como o homem de sua parte é um com ele. Até aí dispensa qualquer prova. O problema é que Osiander não está atento ao vínculo dessa unidade, tendo como consequência embaraçar-se em seu próprio ensino. Em oposição a tudo isso, Calvino afirma que aqueles que sustentam o ensino na qual a pessoa é unida com Cristo pelo secreto poder de seu Espírito, encontra facilidade de desvencilhar-se de todas as suas laçadas.

O autor acrescenta que o erro de Osiander foi desejar transferir para os homens a essência de Deus, caindo no mesmo erro dos maquineus. Outro erro de Osiander foi afirmar que Adão fora formado à imagem de Deus porque já antes da queda Cristo fora destinado a ser o protótipo da natureza humana. Calvino classifica essa afirmação de ficção.

Na questão do homem ser um com Cristo, Calvino diz que está em pleno acordo, porém, quanto à afirmação que a essência de Cristo se misture com a da pessoa, Calvino nega. Um dos princípios erroneamente utilizados por Osiander é aplicar: que Cristo é justiça do ser humano, porque ele é o Deus eterno, a fonte da justiça e a própria justiça de Deus. Calvino objeta tal afirmação, com pedido de desculpas a seus leitores, dizendo que tal expressão não intenciona outra coisa se não que o homem é reputado justo em atenção a Cristo. No entanto exprime, de forma clara que, não contente com essa justiça que foi adquirida ao homem pela obediência e pelo sacrifício da morte de Cristo, segundo o pensamento de Osiander, o homem é substancialmente justo em Deus, seja por sua essência, seja por sua qualidade infusa.

Apesar de Calvino concordar com Osiander no ponto da habitação no homem pelo Pai e pelo Espírito, e não somente Cristo, ele afirma que Osiander distorce isso perversamente, e que ele deveria ter ponderado cuidadosamente o modo dessa habitação, ou melhor, que o Pai e

---

[107] CALVINO. **As Institutas.** Edição Clássica v. III, p. 201.

o Espírito estão em Cristo; e assim como "nele habita a plenitude da divindade" [Cl 2.9], da mesma forma a pessoa possui nele Deus em sua inteireza. Entretanto, o que Osiander diz sobre o Pai e do Espírito, de forma separada de Cristo, não pretende outra coisa senão separar Cristo as pessoas simples.

Em síntese, a mistura de substância que Osiander utiliza na questão de justiça que o homem possui do Pai e do Espírito, segundo sua divindade, expressa claramente seu pensamento de que o homem não é justificado exclusivamente pela graça do mediador, e que a justiça não é oferecida à pessoa simples e plenamente em sua pessoa (Cristo), mas que a pessoa é feita participante da justiça divina quando Deus se faz necessariamente uma só coisa com o homem.

Segundo Calvino, a concepção de Osiander da Justiça essencial o leva a confundir justificação, regeneração e santificação. Um dos pontos levantados por Osiander é que Deus justifica não tanto em perdoar, mas em regenerar. Diante do exposto ele faz a seguinte interrogação: Se porventura aqueles a quem justifica, Deus os deixa como eram por natureza? Nada mudando de seus vícios? Calvino responde de maneira fácil essa interrogação, afirmando que se Cristo não pode ser dividido em partes, assim também são inseparáveis estas duas que nele são percebidos simultânea e conjuntamente: a justiça e a santificação. "Porque não recebestes o espírito de escravidão, para outra vez estardes em temor, mas recebestes o Espírito de adoção de filhos, pelo qual clamamos: Aba, Pai". (Rm 8.15).

Calvino utiliza a ilustração da claridade do sol para refutar o pensamento de Osiander sobre a concepção da dupla graça. Assim como a claridade do sol não pode separar-se de seu calor. Mediante o seu calor, o sol dá vigor à terra e a torna fecunda; com seus raios a clareia e ilumina, sendo indivisível e recíproca essa duas facetas do sol. No entanto, a própria razão veda que se transfira para uma o que é específico da outra.

Segundo Calvino, Osiander concebe o absurdo de uma dupla graça, tendo em vista que aqueles a quem graciosamente Deus renova como justos para cultivarem a justiça, Osiander mistura essa dádiva da regeneração com esta aceitação graciosa e contende com a idéia de que se trata da mesma coisa. Ao contrário, as Escrituras, unindo a ambas, contudo as enumera distintamente, para que a múltipla graça de Deus seja melhor confirmada. Em 1 Co 1.30, é significativa a afirmação de Paulo de que Cristo foi concebido para a justiça e santificação.

Toda vez que exorta os homens à santidade e pureza de vida, concede como razão a salvação que foi adquirida para os homens, o amor de Deus e a bondade de Cristo, deixando claro que uma coisa é ser justificado e, outra coisa, é ser feito nova criatura. Calvino também refuta a interpretação de Osiander em concluir por meio de várias passagens das Escrituras, no qual ele interpreta *justificar* como significando *fazer justo.*

Segundo Calvino, ele deturpa todas as passagens bíblicas com essa concepção, inclusive o capítulo quatro de Romanos. A defesa de Calvino para essa objeção está em Rm 8.33. Os versículos acima tratam de culpa e absolvição. Osiander, ao citar tais passagens, arrazoa-se e se revela demasiadamente infundado.

2.4. A dialética em torno da doutrina da Justificação nos tempos atuais

A teologia do século XVI e XVII é marcada pelos embates envolvendo os reformadores e o Concílio de Trento na questão da doutrina da justificação. Observa-se nesse inicio do século XXI a relevância das discussões reformadas sobre o papel da fé em relação aos esforços ecumênicos quanto à doutrina da justificação. A Igreja Católica Romana e a Federação Luterana Mundial elaboraram a Declaração Conjunta sobre a doutrina da justificação em 1999. Essa declaração conjunta visa destacar as semelhanças entre a tradição romana e a tradição luterana quanto à justificação.

Para Heber Carlos Júnior, ela contém muitas frases que estão em consonância com a posição dos reformadores, o que é bastante encorajador. No entanto, o documento nubla as diferenças pela omissão de certos assuntos como: imputação da justiça de Cristo e pela ambiguidade de termos e ideias, tais como, justificação e santificação, o papel da fé. No caso do papel da fé, por exemplo, a Declaração várias vezes afirma que somos justificados *na fé* ao invés de *pela fé* ou *mediante a fé*, que são expressões mais fieis ao ensino das Escrituras quanto à instrumentalidade da fé.

Segundo Heber Carlos Júnior esse documento abre espaço para a idéia romana tradicional de justificação como um processo que envolve renovação e que não sustenta a idéia forense de justificação, ser justificado *na fé* ou *em fé* pode simplesmente significar que ao fim e ao cabo a pessoa é considerada justa por está na fé, tendo uma vida que reflete as virtudes cardeais (fé, esperança e amor). Portanto, isto tudo não combina com o ensino da Reforma ou Pós- Reforma e acaba por desmentir a alegação da Declaração de que "as formas distintas pelas quais luteranos e católicos articulam a fé na justificação estão abertas uma para outra e não anulam o consenso nas verdades básicas" [108].

2.4.1 Berkhof e Finney & Concílios do Vaticano II

Louis Berkhof[109] discorre sobre os conceitos divergentes acerca da doutrina da Justificação. O primeiro conceito é o Católico Romano. Segundo o autor, os católicos, ainda na atualidade, confundem a justificação com a santificação. Eles incluem alguns elementos na justificação, tais como: A expulsão do pecado que existe na pessoa; infusão positiva da graça divina; o perdão dos pecados. O homem pecador é preparado para a justificação pela graça preveniente[110], não possuindo nenhum merecimento de sua parte.

Esta graça preveniente conduz o pecador a uma *fides informis*, à convicção de pecado, ao arrependimento, a uma segura confiança na graça de Deus em Cristo, aos princípios da nova vida, e ao desejo de ser batizado. Após expurgá-lo, prossegue necessariamente o perdão do pecado ou sua remoção da culpa. No avanço da vida cristã, o cristão é dotado para promover obras meritórias e receber como recompensa uma maior parte da graça e uma justificação mais perfeita. Os católicos entendem que o cristão pode perder a graça da justificação e, ao mesmo tempo, pode restaurá-la por meio do sacramento da penitência.

O segundo conceito é o de Piscator[111] que ensinava a obediência passiva de Cristo é imputada ao pecador na justificação para o perdão dos pecados, e que a obediência ativa de Cristo não lhe pode ser imputada visando à adoção de filhos e nem tampouco para uma herança eterna, devido à pessoa de Cristo dever isto a Deus concernente a seu próprio benefício. Ademais, se Cristo tivesse cumprindo a lei no lugar do pecador, não poderia o

---

[108] CAMPOS Júnior, C. Heber. **O Lugar da Fé e da Obediência na Justificação:** Um Apanhado Histórico das Discussões Reformadas do Século XVII, p. 67-68.

[109] BERKHOF. **Teologia Sistemática.**

[110] Graça preveniente, afirma Millard (**Introdução à teologia sistemática**, p. 386): "é a graça dada por Deus a todas as pessoas, indiscriminadamente. Ela é vista no fato de Deus enviar sol e chuva sobre todos. Além disso, ela é dada universalmente para contra-atacar o efeito do pecado. Já que Deus deu essa graça a todos, todos são capazes de aceitar a oferta da salvação: por conseguinte, não há necessidade de nenhuma aplicação especial da graça de Deus a indivíduos em particular".

[111] PISCATOR apud BERKHOF. **Teologia Sistemática**. p. 525.

homem mais ser responsabilizado pela observância da lei. Piscator entendia a sujeição à penalidade do pecado e a guarda da lei como alternativas excludentes entre si. Com isso ele ensina que a obediência pessoal do pecador é o único fundamento da sua esperança futura. Berkhof afirma que se trata de um conceito muito próximo dos arminianos, e segue a linha da doutrina de Anselmo, na Idade Média.

O terceiro conceito é o de Osiander[112] que mostra uma tendência de renascimento na Igreja Luterana dos pontos indispensáveis na concepção Católica Romana da justificação, porém com uma característica diferente. Osiander entendia que a justificação não consistia na imputação da justiça vicária de Cristo ao homem, e sim na imputação de um novo começo de vida. Para ele, a justiça que torna o homem justificado é a justiça eterna de Deus (Pai), de forma infusa na pessoa por seu filho Jesus Cristo.

O quarto conceito é o arminiano, segundo o qual Cristo não satisfez de forma estrita à justiça de Deus, mas disponibilizou uma real propiciação pelo pecado, propiciação esta que foi graciosamente aceita como satisfatória por Deus e por Jesus, dando base para a concessão do perdão do pecado e, em contrapartida, da justificação do homem. Os arminianos afirmam que tudo isso só serve para zerar contas passadas, sendo que também Deus fez provisão para o futuro. A fé imputada por Deus é para justiça, sendo uma fé inclusa para toda vida religiosa do crente e na sua obediência evangélica.

Berkhof explica que, nesse conceito, a fé não é mais o simples instrumento do elemento positivo da justificação, mas o fundamento gracioso admitido sobre o qual aquela repousa. Com isso a justificação não é um ato judicial, mas, sim, um ato soberano de Deus.

O quinto conceito é o Bartiano, pelo qual a justificação acontece de forma instantânea, porém, não a considera um ato realizado uma vez por todas, sendo seguido então pela santificação. O entendimento de Barth sobre a justificação e santificação é que elas andam de mãos dadas o tempo todo.

Para Charles Finney[113], quase não há, no campo da teologia, questão mais complexa com o misticismo prejudicial e técnico do que a justificação. Ele aborda o conceito de justificação como o ato de pronunciar alguém justo. Podendo ser mediante palavras ou na prática por tratamento. De certa forma um ato governativo. Refuta o pensamento dos adeptos

---

112 Cf. com BERKHOF. **Op. Cit.**, p. 525.
113 FINNEY. **Teologia Sistemática**.

da justificação como um procedimento forense ou judicial. Para Finney esse pensamento é um grande erro. O termo forense é derivado *deforum* que significa *um tribunal*. O argumento dele é que qualquer procedimento forense pertence ao poder judicial que averigua os fatos e declara a sentença da lei. Sendo que esse poder não se sobrepõe à lei, e sim cabe julgar segundo o espírito verdadeiro e do significado da lei. Os tribunais exercem seu poder de forma a não perdoar ou por de lado a execução da pena.

A base da justificação judicial ou forense está condicionada à obediência universal à lei. Finney exemplifica citando o exemplo de um crime comprovado em que o tribunal não possui alternativa se não a de condenar. Com isso Finney diz que é naturalmente impossível e flagrante contradição afirmar que a justificação de um pecador ou de quem violou a lei seja uma justificação forense ou judicial. Finney fundamenta sua objeção citando Romanos 3.20.

Charles Finney comenta o pensamento da escola do Dr. Chalmers e seus adeptos sobre a seguinte interrogação: O que é justificação evangélica?

> Não consiste em pronunciar o pecador justo pela lei, mas em ser tratado de forma governativa, em última instância, como se fosse justo. Consiste em um decreto governativo de perdão ou anistia — em deter e pôr de lado a execução da pena incorrida da lei — que restabelece a normalidade em favor daqueles que pecaram, daqueles a quem a lei pronunciara culpados e aos quais fora dada a sentença de morte eterna. Trata-se, portanto, de recompensá-los como se fossem justos[114].

Para Finney, a doutrina da Justificação é um ensino inequívoco das Escrituras do Antigo Testamento. Ele explica que todo o sistema de sacrifícios exemplifica a doutrina do perdão sob as condições da expiação, do arrependimento e da fé. Na antiga dispensação, tais sacrifícios representavam a aceitação misericordiosa dos penitentes e nunca a absolvição forense ou judicial. O propiciatório cobria a lei na Arca da Aliança. Paulo mostra a justificação da forma como os santos do Antigo Testamento a entendiam: "Assim também Davi declara bem-aventurados aqueles cujas maldades são perdoadas e cujos pecados são cobertos. Bem-aventurado o homem a quem o Senhor não imputa o pecado" (Rm 4.6-8). Finney afirma que essa citação bíblica de Davi mostra o que tanto Davi quanto Paulo entendiam por justificação, a saber, o perdão e a aceitação do pecador penitente. Além disso, o Novo Testamento justifica e estabelece a mesma visão do assunto e, para completar, os

[114] FINNEY. **Teologia Sistemática**, p. 468-469.

pecadores não podem ser justos em qualquer outro sentido. Sob certas condições, podem ser perdoados e tratados como justos. Mas os pecadores serem declarados justos no sentido forense é algo impossível e absurdo afirma Finney.

Quanto aos recentes desenvolvimentos na Igreja Católica Romana, Hoekema[115] questiona se o Vaticano II trouxe alguma mudança à posição doutrinaria de Roma. Segundo ele essa não é uma questão fácil de responder. Deve ser começada pela obra de Hans Küng, *Justificação: a doutrina de Karl Barth e a Igreja Católica*, lançado em 1957 que abriu novas portas de diálogo entre católicos e protestantes. A tese central de Küng, que trouxe certo furor no mundo teológico, foi a de comparar o ensino de Karl Barth da justificação com o ensino da igreja católica e colocá-lo nos mesmos moldes, principalmente com o do *Concílio de Trento* sobre a doutrina da justificação.

Segundo Hoekema, a primeira impressão que se tem do livro é de ter lido um estudo protestante ao invés de católico. Küng admite que o significado bíblico de *tsadaq* e *dikaioo* é forense, e que o sentido bíblico de justificar é *declarar justo*. Em outra seção sobre *sola fide* (só pela fé), Hoekema afirma que Küng admite que uma pessoa é justificada pela graça de Deus somente. Entretanto, diz também que permanecem algumas dificuldades sérias. Ele cita a conclusão de Rudolf J. Ehrlich sobre o estudo da visão de Küng como não estando em concordância com o *Concílio de Trento*. Ehrlich faz a seguinte afirmação:

> Os protestantes terão mal entendido completamente a Küng se pensarem que ele estava tentando mostrar que a igreja romana, tornando-se consciente da verdade do ensino da Reforma sobre justificação [...], está agora disposta a incorporar os conceitos protestantes dentro de seu sistema doutrinário[116].

John Stott[117] afirma que a obra de Hans Küng precisa de maior esclarecimento, embora reconheça seu valor. Segundo Stott, já se passaram mais de um quarto de século desde o momento da publicação do livro de Küng. Ainda não se tem noticia de nenhuma proclamação geral na igreja católica romana do evangelho da justificação somente pela graça através da fé somente.

---

115 HOEKEMA. **Salvos Pela Graça**.
116 EHRLICH apud HOEKEMA. **Salvos Pela Graça,** p.174.
117 STOTT. **A Cruz de Cristo**.

Anthony Hoekema[118] registra que para verificar se houve alguma mudança simples no ensino de Roma sobre justificação é necessário analisar algumas declarações recentes de teólogos católicos sobre a justificação. Hoekema cita o teólogo católico Karl Rahner, freqüentemente reconhecido como representante da nova linha teológica católica, Afirma: "Justificação, entendida como obra de Deus, transforma o homem nas mais profundas raízes do seu ser; isso o transfigura e diviniza. Por essa razão o homem justificado não é o mesmo que 'ao mesmo tempo um homem justificado é um pecador'". Essa não é uma visão protestante da justificação; o termo *diviniza* indica a probabilidade de que a linha divisória entre a criatura e o Criador está sendo apagada.

Na *Nova Enciclopédia do Povo Católico*, mencionada por Hoekema[119], encontra-se a seguinte conceito de justificação: "Justificação significa o processo pelo qual o homem é salvo de seu estado de pecado e regenerado em Cristo através da graça santificadora, um processo que o torna justo ou reto aos olhos de Deus". Percebe-se a distinção clara da visão protestante, pois trata a justificação como um processo, no qual está incluído o novo nascimento. Hoekema cita o dicionário de teologia de Rahmer e Vorgrimler, como sendo uma recente publicação católica romana que expõe uma breve mostra da justificação:

> Justificação é um evento no qual Deus, por um ato gratuito de amor, traz o homem [...] a um relacionamento com ele, conforme um Deus santo requer do homem [...] Ele faz isso compartilhando com o homem de sua natureza divina. Isso acontece quando Deus faz com que o Espírito Santo [...] habite eficazmente nas profundezas do seu ser como o espírito de adoção, de liberdade e de santidade, divinizando-o e dando-lhe provas dessa nova criação [...] através da palavra e dos sinais dos sacramentos. Essa justiça, que não é somente imputada no sentido jurídico do termo, mas faz dele um homem verdadeiramente justo, é ao mesmo tempo o perdão dos pecados [...] Essa justiça dada por Deus e recebida, pode também ser perdida se um homem rejeitar o amor divino por causa de um pecado sério [...] O homem pode preservá-la e continuamente fazê-la crescer [a justificação].

Ao ler essa descrição, encontram-se muitos sinais dos ensinos de *Trento*. Portanto, não há provas de uma mudança essencial no ensino católico romano sobre a justificação. E, estando em desacordo com a Bíblia, cabe aos protestantes continuarem contrapondo-se a Roma nesse ensino da doutrina da justificação.

---

[118] HOEKEMA. **Op. Cit**., p. 174 (ênfases do autor).
[119] Cf. com HOEKEMA. **Salvos Pela Graça**, p. 175.

No final de 1950, aconteceu uma tentativa, por meio Hans Küng[120], ao lançar sua obra *Rechtfertigung (A justificação)*, de obter-se "um acordo fundamental entre a teologia católica romana e protestante, precisamente quanto à doutrina da justificação". A verdade foi que Küng quis demonstrar que a doutrina da justificação, como concluída por Trento e por Karl Barth, combinava em seus dados fundamentais. Entretanto, devido ter começado por Barth, e pelo motivo de manter ambiguidade e conflito quanto ao que verdadeiramente significa justificação e santificação, esta tese foi rejeitada pela maioria dos eruditos evangélicos, como John Stott, Alister McGrath, entre outros.

No dia 31 de outubro de 1999, em Augsburgo, o Cardeal Edward Cassidy, presidente do Pontifício Conselho para a promoção da Unidade Cristã, representando o Vaticano, e do bispo Christian Krause, presidente da Federação Luterana Mundial, representando os luteranos, assinaram o documento intitulado *Declaração Conjunta sobre a Doutrina da Justificação por Graça e Fé.* Esse texto foi finalizado, após quase trinta anos de reuniões entre uma comissão formada por teólogos católicos e luteranos. Nas formulações sobre o consenso alcançado na Declaração Conjunta com relação à doutrina da justificação, o item 15 diz:

> É nossa fé comum que a justificação é obra do Deus uno e trino. O Pai enviou seu Filho ao mundo para a salvação dos pecadores. A encarnação, a morte e a ressurreição de Cristo são fundamento e pressuposto da justificação. Por isso justificação significa que o próprio Cristo é nossa justiça, da qual nos tornamos participantes através do Espírito Santo segundo a vontade do Pai. Confessamos juntos: somente por graça, na fé na obra salvífica de Cristo, e não por causa de nosso mérito, somos aceitos por Deus e recebemos o Espírito Santo, que nos renova os corações e nos capacita e chama para as boas obras[121].

Quanto à afirmação a total incapacidade do ser humano, afirma o item 19:

> Confessamos juntos que o ser humano, no concernente à sua salvação, depende completamente da graça salvadora de Deus. A liberdade que ele possui para com as pessoas e coisas do mundo não é liberdade com relação à salvação. Isto quer dizer que, como pecador, ele se encontra sob o juízo de Deus, sendo por si só incapaz de se voltar a Deus em busca de salvamento, ou de merecer sua justificação perante Deus, ou de alcançar a salvação pela própria força. Justificação acontece somente por graça. [...][122].

---

[120] KUNG apud FERREIRA & MYATT. **Teologia Sistemática**, p. 184.
[121] Cf. com FERREIRA e MYATT. **Op. Cit.**, p. 785.
[122] Ibidem, p. 785.

Quanto à justificação como perdão de pecados e ato de tornar justo, conclui, no item 22:

> Confessamos juntos que Deus, por graça, perdoa ao ser humano o pecado, e o liberta ao mesmo tempo do poder escravizador do pecado em sua vida e lhe presenteia a nova vida em Cristo. Quando o ser humano tem parte em Cristo na fé, Deus não lhe imputa seu pecado e, pelo Espírito Santo, opera nele um amor ativo. Ambos os aspectos da ação graciosa de Deus não devem ser separados. Eles estão correlacionados de tal maneira que o ser humano, na fé, é unido com Cristo que em sua pessoa é nossa justiça (cf. 1 Cor 1, 30): tanto o perdão dos pecados quanto a presença santificadora de Deus[123].

A doutrina da justificação pela graça por meio da fé foi afirmada no item 25:

> Confessamos juntos que o pecador é justificado pela fé na ação salvífica de Deus em Cristo; essa salvação lhe é presenteada pelo Espírito Santo no batismo como fundamento de toda a sua vida cristã. Na fé justificadora o ser humano confia na promessa graciosa de Deus; nessa fé estão compreendidos a esperança em Deus e o amor a Ele. Essa fé atua pelo amor; por isso o cristão não pode e não deve ficar sem obras. Mas tudo o que, no ser humano, precede ou se segue ao livre presente da fé não é fundamento da justificação nem a faz merecer[124].

Também declarou a pessoa justificada como pecadora, como no item 28:

> Confessamos juntos que no batismo o Espírito Santo une a pessoa com Cristo, a justifica e realmente a renova. Não obstante, a pessoa justificada durante toda a vida permanece incessantemente dependente da graça de Deus que justifica de modo incondicional. Também ela está continuamente exposta ao poder do pecado e suas investidas (cf. *Rm* 6, 12-14), não estando isenta da luta vitalícia contra a oposição a Deus em termos de cobiça egoísta do velho Adão (cf. *Gl* 5, 16; *Rm* 7, 7.10). Também a pessoa justificada precisa pedir, como no Pai Nosso, a cada dia, o perdão de Deus (cf. *Mt* 6, 12; *1 Jo* 1, 9), é chamada constantemente à conversão e ao arrependimento e recebe continuamente o perdão[125].

O documento 43, no qual aponta como conclusão da Declaração Conjunta, que existe ainda "questões de importância diversificada que exigem ulteriores esclarecimentos", que

---

[123] Ibidem.
[124] Cf. com FERREIRA e MYATT. **Teologia Sistemática**, p. 785-786.
[125] Ibidem.

seriam temas atinentes à doutrina da igreja, à compreensão dos sacramentos, ao ministério e à relação entre justificação e ética social.

2.4.2 O Pensamento Reformado & Pensamento Católico e Pensamento Arminiano

Charles Hodge[126] faz uma síntese dos pensamentos Reformado, Católico e Arminiano sobre a justificação em três grandes sistemas. O primeiro, sendo o romanismo que ensina que, em relação à obra de Cristo, Deus outorga, por meio do batismo cristão, uma infusão de graça divina, pela qual todo pecado purgado da alma e toda a base para a aplicação da pena é extraída e o pecador é feito inerentemente justo ou santo. Essa caracteriza a primeira justificação. Então, em benefício do novo princípio de vida espiritual assim comunicado, o batizado ou regenerado é habilitado a realizar boas obras, as quais são verdadeiramente meritórias e por conta das quais ele é acolhido no céu.

O segundo pensamento é o arminiano, por causa do que Cristo fez, aprouve a Deus conferir, a todos, graça suficiente e aceitar a obediência imperfeita, a qual o crente é assim habilitado a apresentar em lugar da obediência perfeita solicitada sob o pacto feito com Adão; e por conta dessa obediência imperfeita, outorga-se graciosamente a vida eterna.

O terceiro pensamento é o protestante, na qual a doutrina protestante mostra Cristo, como o representante e substituto dos pecadores ou de seu povo, assume o lugar sob a lei e no nome deles e por causa deles cumpre toda a justiça. Sendo feito com isso uma perfeita e infinitamente meritória satisfação à lei e à justiça de Deus, justiça no qual é imputada ou lançada na conta do crente, em resposta a tudo isso, ele é gratuitamente perdoado e declarado justo à vista de Deus, tendo direito não só à remissão de pecado, mas também à vida eterna. Unido a Cristo pela fé, o crente se torna participante de sua vida, de maneira que o remido não vive, mas é Cristo que vive nele, e a vida que o cristão agora vive na carne, vive-a pela fé no filho de Deus, que o amou e se entregou por ele.

Ao comparar os três sistemas, percebe-se nessas linhas de pensamento que a relação entre o crente e Cristo é muito mais estreita, peculiar e constante no esquema protestante do que em qualquer outro. O motivo é que o crente depende de Cristo a cada instante; para

[126] HODGE. **Teologia Sistemática.**

imputação de sua justiça; para os suprimentos do Espírito de vida; e para seu cuidado, orientação e intercessão. Tendo de olhar constantemente para Cristo; e constantemente exercer fé em Cristo como um salvador sempre presente para que possa viver. Os outros sistemas mostram que Cristo fez meramente possível a salvação de todos os homens, chegando ao fim logo após. Para os romanistas, Cristo tornou possível que Deus concedesse a graça santificante no batismo. Já os remonstrantes (arminianos), ele tornou possível conceder a todos os homens graça suficiente por meio da qual se santifiquem e se salvem[127].

Myatt e Ferreira[128] registram que o entendimento tradicional sobre o ensino da salvação, compreendido da igreja católica é que a salvação está baseada em boas obras. Isso é muito comum no catolicismo popular. No entanto, o problema central é que o catolicismo não distingue de forma adequada entre a justificação e a santificação. O entendimento católico é que a justificação não é apenas uma declaração de que a pessoa é justa. Segundo o catolicismo, na justificação a pessoa se torna justa. Sendo que essa justiça é comunicada à pessoa primeiramente por meio do batismo, tornando a pessoa membro da igreja e fazendo parte da comunidade da fé.

Os autores citam (o catecismo católico, parágrafo 1992 e 2010) que declara que a justificação inicial, então, torna a pessoa interiormente justa, e não apenas lhe imputa a justiça. É uma obra de graça e não vem por obras. Ninguém merece essa graça preveniente. Porém, a graça subsequente, se faz necessária para manter e fazer crescer na justificação, pode ser merecida. Esse merecimento pode advir de atos de caridade, habilitando a pessoa a merecer mais graça e a vida eterna.

Os católicos frisam que a fonte desses méritos seja a caridade de Cristo no cristão. Com isso os apologistas católicos rejeitam as acusações de crerem em justificação pelas obras. No entanto, os católicos afirmam que a justificação não é um ato forense, mas um processo de transformação interior que habilita a pessoa para receber a salvação final. Em contrapartida, a justificação não é realizada somente por meio da fé, mas por meio da fé e das obras, abrangendo a participação nos sacramentos eclesiásticos. Os católicos declaram também que a justificação não é uma declaração do perdão dos pecados diante do tribunal de Deus, mas a infusão de justiça no ser da pessoa, da maneira que ela se torna santa, justa e, apta a ser aceita por Deus.

---

[127] Cf.com HODGE. **Teologia Sistemática.**
[128] MYATT e FERREIRA. **Teologia Sistemática.**

Enfim, a justificação na perspectiva católica não é somente uma tese de estar livre do pecado, no sentido legal de ter sido declarado justo ante as requisições da lei de Deus, mas também está atrelada ao fato de que a pessoa pertence à comunidade de Deus, a única igreja (católica) verdadeira. Isso tudo se traduz na declaração da tradição que afirma que fora da igreja católica não existe salvação.

O Concílio Vaticano II faz a seguinte afirmação: Somente as pessoas em comunhão com Roma estão dentro da aliança[129]. Observa-se nesse sentido, que a justificação é tanto uma questão da maneira como permanecer na comunidade da aliança, quanto da maneira de alcançar a graça de Deus. Segundo os católicos, a chave está nos sacramentos e nas boas obras para permanecer na graça.

Diante desse ensino católico, percebe-se que natureza forense da justificação é contratada com a noção de uma justiça infusa, mostrando que ambos são planos de salvação extremamentes diferentes. Se as boas obras se tornarem o centro, mesmo no sentido de capacitar a pessoa a permanecer fiel na comunhão da igreja, a evidência na salvação se torna a atuação da pessoa, e não a graça livre de Deus. No caso de a justificação incluir qualquer dependência de obediência às obras da lei, isto traria a responsabilidade final da salvação sobre o homem.

Charles Hodge[130] retrata o pensamento arminiano por meio de seu representante maior e seus sucessores. Jacobus Arminius foi um erudito, de talento, atividades sedutoras e de caráter exemplar. Seu nascimento ocorreu na Holanda em 1560 e lecionou até sua morte na Universidade de *Leyden*. Ocupou a cadeira de teologia desde 1603. Hodge registra que seu afastamento das doutrinas reformadas nas quais fora educado, foi considerado mais leve do que seus sucessores. Sua maior dificuldade era com a doutrina da predestinação ou da soberania de Deus na eleição.

No entanto, ele não podia desvencilhar-se da doutrina sem negar a total incapacidade do homem de fazer o que é espiritualmente bom. O ensinamento de Arminius era apesar de que o homem ter caído em Adão e nascido em estado de pecado e condenação, e seja privado por si mesmo inteiramente incapaz de converter-se do pecado para uma vida santa, todavia é capaz de cooperar com a graça do Espírito Santo dada a todas as pessoas, especialmente a

[129]Cf. com FERREIRA e MYATT. **Teologia Sistemática**, p. 823.
[130] HODGE. **Teologia Sistemática**.

todos os que escutam o evangelho, na medida satisfatória para capacitá-los a arrepender-se e a crer, bem como a perseverar em viver uma vida santa até o fim.

Porém esse arrepender-se e crer e viver uma vida santa é algo inerente ao homem e não de Deus. Na questão da obra realizada por Cristo, eles entendem que foi realizada por todos os homens diferindo do pensamento reformado. Para os arminianos Cristo fez plena satisfação diante de Deus pelos pecados de todas as pessoas sob as condições instituídas no evangelho.

Segundo Hodge, como os remonstrantes ou arminianos negavam que a obra de Cristo foi uma real satisfação pelo pecado, fundamentalmente recusavam qualquer justificação real do pecador. Para os arminianos a justificação é simplesmente perdão. Portanto, se, pois perdão e justificação são elementos distintos, o primeiro sendo um ato executivo de um soberano, o outro um ato judicial, um pondo de lado as exigências da lei, o outro sendo uma declaração de que a justiça está satisfeita, conclui-se que os que reduzem a justificação a mero perdão, negam a doutrina da justificação como discernida e declarada pelas igrejas luteranas e reformada.

Berkhof explica que o arminiano Wesleyano ou evangélico não concorda totalmente com o arminianismo do século XVII. Apesar de que sua posição esteja mais afinada com a posição calvinista do que com o arminianismo original, é mais incoerente. Eles aceitam que a culpa do pecado de Adão é imputada a todos os homens, porém, ao mesmo tempo, sustenta que todas as pessoas são justificadas em Cristo. Deste modo, a sua culpa é removida de forma imediata em seu nascimento. Também concordam com a completa depravação moral do homem em seu estado natural, porém, eles vão adiante e ressalta que não existe nenhum ser humano nesse estado natural, visto que há uma aplicação universal da obra de Cristo mediante o Espírito Santo, pela qual o pecador é habilitado a cooperar com a graça de Deus. Portanto, este arminianismo evidência à necessidade de uma obra *supernatural* (hiper-física) da graça para efetuar a renovação e a santificação do pecador.

Segundo Berkhof[131], os arminianos Wesleyano ensinam a doutrina da perfeição cristã ou da santificação completa do cristão na presente existência. Pode-se acrescentar que ao passo que Armínio fazia da dádiva da capacidade de cooperar com Deus ao homem uma questão de justiça, Wesley considerava isto como uma questão de pura graça. Este é o tipo de arminianismo com o qual temos muito mais contato. Encontramo-lo, não somente nas igrejas

[131] BERKHORF. **Teologia Sistemática.**

metodistas, mas também em grandes partes doutras igrejas, e especialmente nas numerosas igrejas indenominacionais dos nossos dias (p.416-417).

José G. Salvador[132] explica que existe um ponto em que arminianos e metodistas discordam dos calvinistas, quanto à justificação pela fé. Ambos aceitam-na como ato de Deus, de forma instantânea, completo e distinto da santificação. Porém, os arminianos e metodistas aceitam que o pecador é somente considerado por Deus em uma nova condição perante ele. Os seguidores de Calvino vão além, inclui também a adoção e a vida eterna. Segundo Salvador tanto os representantes dos arminianismos quanto os representantes wesleyanos, a vida eterna é concedida aos crentes como recompensa por sua persistência na dedicação a Cristo, pois são suscetíveis de cair da graça e perderem a salvação (Salvador, p.95).

Apesar de que os arminianos creem no que chamam de justificação, às vezes até utilizando as mesmas linguagens dos símbolos das igrejas protestantes. Os arminianos não vão longe a declarar que só tem em mente somente o perdão. Os protestantes, quando discorrem que a justificação inclui o perdão e a imputação da justiça, por perdão e imputação por justiça têm em mente duas coisas distintas. Os arminianos as consideram idênticas, e, portanto podem usar a mesma linguagem dos protestantes, embora rejeitem sua doutrina.

2.5. Quadro Geral

O quadro abaixo mostra a evolução da doutrina da justificação ao longo da história. Na Era Patrística não havia um entendimento claro dessa doutrina.

Tabela 1 - Demonstrativo da dialética em torno da Justificação ao longo da história

Era Patrística (Séculos II a V)	Idade Média (Séculos VI a XV)	Reforma e Contra-Reforma (Séculos XVI e XVII)	Tempos atuais (Século XVIII em diante)
Na Era Patrística, não havia um entendimento claro da doutrina da justificação, conforme o entendimento paulino da justificação pela fé. A salvação era descrita como algo dependente ora da graça de Deus, ora da cooperação voluntária do homem	A Idade Média é marcada pelos debates envolvendo a natureza da justificação. Tendo duas escolas: Dominicanos e Franciscanos. Os Dominicanos eram representados por Tomás de Aquino, os Franciscanos por Duns Scotus.	O século XVI e XVII são conhecidos como o período que mais identifica a doutrina da justificação, tendo em vista que esse período é um marco na história da teologia devido aos vários debates envolvendo os protestantes e os católicos. Esse período é marcado pelo Concílio de Trento e as Confissões Reformadas.	Nos dias atuais observa-se a relevância das discussões reformadas sobre o papel da fé em relação aos esforços ecumênicos quanto à doutrina da justificação. A Igreja Católica Romana e a Federação Luterana Mundial elaboraram a Declaração Conjunta sobre a doutrina da justificação em 1999. Essa declaração conjunta visa

[132] SALVADOR. **Arminianismo e Metodismo.**

Era Patrística (Séculos II a V)	Idade Média (Séculos VI a XV)	Reforma e Contra-Reforma (Séculos XVI e XVII)	Tempos atuais (Século XVIII em diante)
			destacar as semelhanças entre a tradição romana e a tradição luterana quanto à justificação.

Fonte: Elaborado pelo autor da pesquisa

A Idade Média é marcada pelo desenvolvimento da natureza da justificação. No período da Reforma e Contra-Reforma os debates envolvendo a doutrina da justificação são aflorados. Nos tempos atuais percebe-se a relevância envolvendo os debates em torno da doutrina da justificação.

IMPLICAÇÕES DOUTRINÁRIAS E PRÁTICAS DA DOUTRINA DA JUSTIFICAÇÃO

Até aqui, tratou-se dos fundamentos bíblicos e teológicos da doutrina da justificação envolvendo os conceitos, significados dos termos, natureza, características e elementos da doutrina da justificação e o seu desenvolvimento ao longo da história, desde a Era Patrística até os dias atuais. Nesta parte, a reflexão se volta para as implicações doutrinárias e praticas da justificação, suas perspectivas objetiva e subjetiva, segurança e insegurança, tratando, também, a soberania de Deus em contraste com a centralidade humana e os debates envolvendo fé e obras no contexto de Paulo e Tiago e por fim a distinção de justificação e santificação na doutrina da justificação.

3.1. A Justificação Objetiva & a Justificação Subjetiva

Quanto à esfera em que ocorre a justificação, Louis Berkhof[133] distingue duas: Justificação ativa e passiva, também conhecidas como objetiva e subjetiva, tendo cada qual sua própria classificação. A justificação ativa ou objetiva é classificada, no sentido mais fundamental da palavra, primeiramente em básica, em relação ao que se chama justificação subjetiva. Consiste numa declaração que Deus faz a respeito do pecador, e a faz em seu tribunal. Não significa uma declaração de que Deus meramente absolve o pecador, sem levar em conta as vindicações da justiça, mas, sim, de uma declaração divina de que, em relação ao pecador, as requisições da lei são atendidas. O pecador é declarado justo por causa do fato de que a justiça de Cristo lhe é imputada. Neste pacto Deus aparece não como um soberano absoluto que puramente coloca a lei de lado, mas como um juiz justo que reconhece os méritos infinitos de Cristo como um fundamento suficiente para a justificação e, como Pai misericordioso que perdoa e aceita, com graça, o pecador.

Segundo Berkhof, esta justificação ativa precede logicamente a fé e a justificação passiva. A justificação passiva, ou subjetiva, tem lugar no coração ou na consciência do

[133] BERKHOF. **Teologia Sistemática.**

pecador. Uma justificação puramente objetiva que não fosse dada a conhecer ao pecador não corresponderia ao propósito colimado.

Uma comparação interessante que Berkhof utiliza é de um prisioneiro que obteve a concessão de perdão, mas que não significaria nada, se as alegres novas não lhe fossem comunicadas e as portas da prisão não lhe fossem abertas. Esse exemplo traz discernimento para o pecador entender que a salvação é inteiramente de graça. A Bíblia, ao falar de justificação, está-se referindo àquilo que é conhecido como justificação passiva. Berkhof, quando trata da distinção entre duas formas, objetiva e passiva, ele o faz para facilitar o entendimento do ato de justificação, para fins didáticos. As duas, porém, são inseparáveis, sendo uma baseada na outra.

Há teólogos, no entanto, que separam os dois aspectos da justificação. Eles entendem que a justificação ativa aconteceu na eternidade, ou quando da ressurreição de Cristo e que ela se realiza pela fé. É o caso dos antinomianos. Para Berkhof, ao contrario, isso é uma confusão de Justificação com o decreto eterno da eleição – algumas vezes, ou com a justificação objetiva de Cristo – em outras vezes, a qual se deu em sua ressurreição dos mortos. Eles não souberam distinguir corretamente entre o propósito divino na eternidade e sua execução no tempo, nem entre a obra de Cristo ao conquistar a bênção da redenção, com a do Espírito Santo, na aplicação delas. Por esta posição, o homem é justificado antes de crer, mesmo inconsciente disso, tendo, no momento da fé, a transmissão da declaração deste fato.

3.2. Segurança & insegurança

As implicações da doutrina da justificação somente pela fé são bastante significativas. Wayne Grudem[134] entende que, primeiramente, a doutrina da justificação habilita o crente a apresentar uma pura esperança a incrédulos que têm, no seu intimo, um senso de justiça, entendendo que jamais poderiam tornar-se por si mesmos justos diante de Deus. Como a salvação é um dom gratuito a ser recebido exclusivamente por meio da fé, conclui-se que qualquer pessoa que ouve o evangelho pode esperar que a vida eterna seja gratuitamente oferecida e obtida.

---

[134] GRUDEM. **Teologia Sistemática.**

Em segundo lugar, a doutrina dá aos crentes a confiança de que Deus nunca fará os homens pagarem a pena dos pecados perdoados pelos méritos de Cristo. Pode, sim, o homem sofrer as consequências comuns do pecado. Grudem ilustra com a figura do alcoólatra que, mesmo deixando de beber, pode continuar a ter debilidades físicas pelo resto da vida. Dá mesma forma, Deus pode disciplinar o cristão que continua a agir de modo desobediente[135], fazendo-o por amor e para seu próprio bem.

Deus jamais executará vingança contra o crente pelos pecados passados ou fazer o crente pagar a pena devida por causa de seus pecados, nem tampouco punir com ira com propósito de afligir o crente[136]. Esse fato dá ao cristão um enorme sentimento de júbilo e confiança diante de Deus de que ele é aceito e que o cristão se encontra *inocente* e *justo* eternamente.

Hermann Bavink[137] afirma que o conforto do cristão com relação à justificação é que toda a justiça de que ele precisa vem, por meio de Cristo: Não são os cristãos que devem tentar alcançá-la e nem mesmo conseguiriam. No Evangelho está revelada a justiça de Deus. Por ela, ele providencia para que os cristãos obtenham toda a justiça de que precisam por meio do sacrifício de Cristo.

A justiça que justifica o cristão é a justiça de Deus, e é recebida por meio da fé em Cristo. Bavink ressalta que nem total nem parcialmente, o cristão depende de suas obras para ser justificado. A justiça que vem de Deus é inteiramente perfeita e adequada, uma dádiva de Deus, uma dádiva graciosa de sua graça. Portanto, se é pela graça, não pode ser pelas obras, do contrário a graça não é graça, afirma o apóstolo Paulo[138].

O beneficio da justificação pela fé traz um rico conforto para o cristão, afirma Bavink, inclusive o perdão de pecados, a esperança para o futuro, a certeza com relação à salvação eterna. O melhor é que não depende do grau de santidade conquistado durante a vida, mas, sim, da graça de Deus e da redenção que está em Cristo Jesus. Entretanto, se a certeza derivasse das boas obras dos cristãos eles permaneceriam sempre, até a morte, totalmente inseguros, pois, até mesmo o mais santo de todas as pessoas não possuiria mais do que um pequeno princípio de perfeita obediência.

---

[135] Hb 12.5-11.
[136] Rm 8.1: "Agora, pois, já nenhuma condenação há para os que estão em Cristo Jesus".
[137] BAVINK. **Teologia Sistemática**, **Fundamentos** Teológicos da Fé Cristã.
[138] Cf. com Rm 11.6.

A ideia de obter a justificação mediante as obras deixaria os cristãos sempre pendendo entre o temor e a ansiedade, e nunca poderiam permanecer na liberdade para a qual Cristo os libertou. Além disso, eles teriam de recorrer à igreja e ao sacerdote, ao altar e ao sacramento, aos ritos e às praticas religiosas como parte das obras necessárias para sua justificação. Na opinião de Bavink esta é a condição em que se encontram milhares de cristãos católicos romanos. Eles não entendem a glória e o conforto da justificação pela graça.

Wright[139] afirma que arminianos e os católicos romanos insistem em que o ser humano não pode ter a certeza da salvação, por não crerem na eleição incondicional. O Concilio de Trento conclui que os cristãos que reivindicam saber que estão indo para o céu são anatematizados como heréticos, afirmando que o homem só saberia disso quando chegasse lá, e que reivindicar a salvação é um pecado mortal. Esse pensamento está em contraste com algumas passagens bíblicas[140], que garantem segurança eterna na salvação para a pessoa que foi justificada pela fé[141].

Kennedy[142] aborda as questões formuladas por alguns cristãos que afirmam que alguém que foi salvo pode perder tal salvação, mesmo depois de regenerado. O autor afirma que refletir sobre essas questões é crucial para o bem-estar de um cristão. Segundo ele, o ponto de vista histórico de algumas religiões, como catolicismo romano, a resposta quanto a perder a salvação é positiva, ou seja, uma pessoa salva pode vir a perder essa condição.

Segundo Kennedy[143] os luteranos também acreditam que uma pessoa pode, sim, ser salva e perder a salvação, logo depois. Os arminianos são ainda mais enfáticos em suas respostas e declaram afirmativamente. Quanto aos calvinistas, sua resposta é veementemente negativa e, assim demonstram sua crença na perseverança dos santos. Esse é um ensino que somente a posição calvinista, em toda a história cristã, tem reconhecido como doutrina verdadeira, pois potencialmente todas as demais facções cristãs a têm negado.

Alguns textos bíblicos dão ao cristão a certeza e segurança na salvação e pelos quais o cristão pode descansar em paz na certeza e segurança da vida eterna, tais como Rm[144], em que Paulo declara: “E aos que predestinou, a esses também chamou; e aos que chamou, a esses

---

[139] WRIGHT. **A soberania banida**: Redenção para a cultura pós-moderna, p. 149.
[140] Mt. 18.12-14; Jo. 3.16, 36; 5.24-25; Rm 8.1, 29-30, entre outras.
[141] Cf. com WRIGHT. **Op. Cit**.
[142]KENNEDY. **Verdades que transformam:** doutrinas cristãs para sua vida de hoje.
[143] KENNEDY. **Op. Cit.**, p.133.
[144] Rm. 8.30.

também justificou; e aos que justificou, a esses também glorificou". As palavras de Cristo trazem essa segurança: "Aquilo que meu Pai me deu é maior do que tudo; e da mão do Pai ninguém pode arrebatar" [145]. E Pedro, por seu lado, acrescenta: "sois guardados pelo poder de Deus, mediante a fé, para a salvação preparada para revelar-se no último tempo"[146].

Sproul explica que é possível a pessoa perder a *sentimento de segurança* de salvação, sem, entretanto, ter perdido seu *status* de salvo. Essa é uma questão da segurança eterna. O pensamento católico romano é o de que uma pessoa justificada pode perder sua salvação. E, inclusive, foi por isso que se estabeleceu o sacramento da penitência, que exige confissão. Roma denomina o sacramento da penitência de "segunda tábua de justificação para aqueles que fizeram naufrágio de suas almas"[147].

O pensamento católico é de que a graça salvadora é destruída na alma quando o homem comete pecado *mortal*, o qual é assim chamado por possuir o poder de matar a graça. Em oposição a esse pensamento, a fé reformada afirma que todos os pecados são, de fato, mortais, mais isso no sentido de merecer a morte, e não no sentido de destruir a graça da salvação nos eleitos. Sproul explica que a visão reformada sobre a segurança eterna, chamada de *perseverança dos santos*, tem como idéia central que, *uma vez na graça, sempre na graça*, ou melhor, se a pessoa tem, não perde; se a pessoa perde, é porque nunca teve.

Os arminianos, acrescenta Sproul, também declaram que uma "pessoa verdadeiramente regenerada, ao negligenciar a graça e entristecer o Espírito Santo com pecado, decai total e finalmente da graça para eterna reprovação" [148]. Contudo, apesar de algumas pessoas fazerem a profissão de fé, e mais tarde recuarem ou caírem em pecados, elas caem séria e radicalmente. Porém, seguindo o pensamento de Sproul, essas pessoas não podem cair total e finalmente. Diversos exemplos bíblicos ilustram essa realidade, como é o caso de Davi, que pecou radicalmente, mas não total e finalmente, tendo sido, posteriormente restaurado.

---

[145] Jo. 10.29.
[146] 1 Pedro 1.5.
[147] SPROUL. **Eleitos de Deus**, p. 157.
[148] Ibidem, p. 159.

3.3. Soberania divina & centralidade humana

O termo *soberano* é definido como alguém que exerce um poder supremo sem restrição nem neutralização. É sinônimo de supremo; magnífico; altivo. A palavra se origina do latim *super* (acima); seu significado literal é: um que está acima dos outros. Em analogia, Deus é visto como estando acima de qualquer coisa e de cada criatura, pois Deus é soberano[149].

Timothy George[150] afirma que a doutrina reformada básica da eleição ou predestinação predominava como testemunhando de modo preciso a soberania de Deus na salvação humana. Sempre foi *uma pedra de tropeço* para aqueles que enxergavam nisso uma restrição prejudicial da liberdade e da moralidade humanas. Não obstante, os reformadores encontraram nesse ensino uma libertação formidável do intolerável fardo da autojustificação. A visão que os reformadores tinham dos seres humanos escravizados pelo pecado era de que somente a graça soberana de Deus os libertaria dessa carga.

M'Clintock e Strong definem a soberania de Deus como sendo o "seu poder e direito de domínio sobre todas as suas criaturas para dispô-las e determiná-las, como lhe parecer melhor. Este atributo é evidentemente demonstrado no sistema da criação, providência e graça; pode ser considerado como absoluto universal e eterno"[151].

Para Falcão, os arminianos reconhecem que a vontade do homem carece do auxílio da graça de Deus, para ajudá-lo a escolher e seguir a Cristo. Porém, ensinam também que a vontade do homem é capaz de contrapor-se a essa influência da graça de Deus e de vencê-la, sendo, em última instância, o homem quem delibera seu destino eterno. Falcão esclarece que, se Deus tivesse de escolher os homens por causa de alguma coisa neles, então ele estaria dependendo de suas criaturas e, assim, não seria soberano.

O livro de Provérbios afirma que "há caminho que ao homem parece direito, mas ao cabo dá em caminhos de morte"[152]. Arthur W. Pink[153] comenta o texto bíblico, dizendo que esse caminho que aos olhos do homem parece direito, mas que irá culminar em morte eterna

---

[149] Cf. com **MINIDICIONÁRIO DA LÍNGUA PORTUGUESA**, p.720.
[150] GEORGE. **Teologia dos Reformadores**.
[151] M'CLINTOCK & STRONG apud FALCÃO. **Escolhidos em Cristo:** o que de fato a Bíblia ensina sobre a predestinação, p.28.
[152] Pv. 14.12.
[153] PINK. **Deus é Soberano**, p. 161.

demonstra que a salvação não pode ser pelo esforço e méritos dos homens, pois, é típico da natureza humana que, qualquer coisa em que se lhe conceda uma participação, terminará em erro. Afirmar que "o Senhor Deus está disposto a fazer a parte dele, se o homem fizer a sua", diz Pink, é uma miserável e indesculpável negação da boa mensagem da graça divina.

A questão da centralidade humana no processo da salvação culmina neste tipo de declaração que ensina que Deus ajuda àqueles que ajudam a si mesmos, em detrimento do correto ensino das Escrituras sobre a soberania de Deus na salvação do pecador. Assim o ensino coerente com as Escrituras é que Deus ajuda àqueles que são incapazes de ajudarem a si mesmos, e que, por mais vezes que tentaram, fracassaram.

Afirmar que a salvação do homem depende da ação de sua própria vontade é o mesmo que dizer, de outro modo, o dogma da salvação pelo esforço humano, sendo que esse modo avilta a Deus. Portanto, qualquer iniciativa da vontade é uma obra humana. É algo que parte do homem, ou melhor, é obra do homem que centraliza a salvação em seus próprios esforços. Porém Deus, em sua soberania, corta o mal pela raiz, declarando: "Assim, pois, não depende de quem quer ou de quem corre, mas de usar Deus a sua misericórdia" [154].

A doutrina da soberania de Deus é a arma poderosa contra o orgulho humano; contrastando claramente com as *doutrinas humanas*. Nos dias de hoje, percebe-se uma atitude de vanglória e de glorificação da carne. O mundo tem fornecido ao homem uma mensagem de desenvolvimento e progresso, grandes realizações, auto-suficiência, tornando tudo isso em santuário onde o mundo realizasse cultos nos dias atuais.

Em contrapartida, a verdade da soberania de Deus, com todos os seus resultados, remove todas as bases da soberba humana e implanta o espírito de humildade em seu lugar. O verdadeiro ensino da soberania de Deus mostra que a salvação é pela graça, por meio da fé, e que todas as obras, boas ou más, não contribuem para a salvação do pecador. Jo[155] confirma essa verdade: "Os quais não nasceram do sangue, nem da vontade da carne, nem da vontade do homem, mas de Deus".

Sproul[156] ao tratar da questão da soberania e autonomia envolvendo Deus e o homem, parte da premissa de que, se Deus é soberano, não há hipótese para o homem possuir autonomia. Se o homem é autônomo, não existe possibilidade de Deus ser soberano: seria

---

[154] Rm 9.16.
[155] Jo. 1.13.
[156] SPROUL. **Op. Cit.**

contraditório. O autor explica que uma pessoa não tem de ser autônoma para ser livre. Tendo em vista que autonomia alude à liberdade absoluta. Porém, existem limites para a liberdade e este é a soberania de Deus.

Timothy George[157] discorre que Lutero se queixou contra os *teólogos – porcos* por causa da tese desenvolvida por eles, a qual a vontade humana, em sua essência, depositaria amor a Deus sobre todas as coisas, e que ao fazer o seu melhor, mesmo à parte da graça, alguém poderia conseguir certa constância diante de Deus. Lutero se opôs a essa avaliação otimista do potencial humano. Essa oposição de Lutero foi devido a um duro contraste entre natureza e graça. Lutero distingue a graça da natureza, "a graça coloca a Deus no lugar de tudo o mais que ela vê, e o prefere a si mesma, mas a natureza coloca a si mesma no lugar de tudo, e mesmo no lugar de Deus"[158]. Por *natureza*, Lutero não afirmava o reino criado, mas sim o reino criado decaído e, de forma particular, a vontade humana decaída, que se curva a si mesma (*incurvatus in se*), sendo *escravizada* e maculada com o mal em todas as suas ações.

Jonathan Gerstner[159] afirma que o legalismo propõe que a posição de retidão do homem diante Deus e o recebimento da vida eterna são conquistados totalmente ou em parte pela observância à lei por parte dessa pessoa. Portanto, essa pessoa ganha toda ou parte de sua redenção por meio dos próprios bons esforços. Conclui-se que há uma centralidade humana no cumprimento da lei e conquista da redenção em decadência da Soberania de Deus.

Segundo o autor, um elevado número de evangélicos tem seguido uma noção de fé indiscutivelmente legalista. O entendimento deles é que a fé é visivelmente uma questão de esforço humano, tornando-se, assim, essa fé, uma obra, conduzindo à fórmula: *obras – justificação.* E acrescenta que a mais sutil de todas as tendências, entre evangélicos crentes, é aceitar a interpretação herética de Gálatas sobre justificação adotada pela Igreja Católica Romana, como sendo uma opção cristã aceitável. Desde que a fé seja fundamental para a justificação, eles argumentam, que não é necessário que seja pela fé somente. A fé é necessária, mas não é suficiente: é o que afirmam.

---

[157] GEORGE, **Teologia dos Reformadores**
[158] LUTERO apud GEORGE. **Op. Cit.**, p. 76.
[159] GERSTNER. **Legalismo e antinomianismo:** duas rotas mortais fora do caminho estreito.

3.4. Dialética entre Fé e Obras no contexto das visões de Paulo e Tiago da doutrina da Justificação

Grudem[160] faz um paralelo da afirmação de Paulo aos Rm, no capítulo 3, versículo 20 – "ninguém será justificado diante dele por obras da lei" – com a epístola de Tiago que declara: "Verificais que uma pessoa é justificada por obras e não por fé somente"[161]. A grande questão é quanto a haver ou não coerência entre as afirmações de Tiago e de Paulo. O que se pode perceber é que Tiago usa a palavra *justificada* num sentido diferente da maneira como Paulo a utiliza. A palavra *justificar* possui uma variedade de significados, sendo um dos sentidos importantes o de *declarar justo*. A palavra grega *dikaioõ* também pode significar "demonstrar ou provar ser justo". Há vários exemplos bíblicos em que a palavra *justificar* significa *mostrar ser justo*[162].

Segundo o autor, a interpretação do capítulo 2 de Tiago depende não somente do fato de que *mostrar ser justo* é um sentido aceitável para a palavra justificada, mas também depende da consideração de que esse sentido é bem apropriado no contexto de Tiago, capítulo 2. O contexto que Tiago trabalha refere-se a algo posterior na vida de Abrão, o sacrifício de Isaque, narrado no capítulo 22 de Gn. Enquanto Paulo cita Gênesis[163], quando Abrão creu em Deus "e isso lhe foi imputado para justiça". Portanto, Paulo está se referindo ao tempo em que Deus justificou Abraão de uma vez para sempre, imputando-lhe justiça como resultado de sua fé, enquanto Tiago está se referindo a algo bem posterior, ou seja, após nascimento de Isaque e seu crescimento, a caminho do sacrifício na montanha. Esse ponto caracteriza que Abraão foi *provado justo* pelas suas obras. O sentido que Tiago trabalha é esse quando afirma que "foi por obras que Abraão foi justificado, oferecendo sobre o altar o próprio filho"[164].

Paulo e Tiago argumentam em dois contextos diferentes. No caso de Paulo, ele refuta a idéia de que um relacionamento com Deus pode ser adquirido por boas obras (lei). Tiago se contrapõe àqueles que afirmam que a salvação não exige fazer nenhuma diferença no modo de viver a vida cristã. Os dois estão em campos diferentes no enfrentamento do inimigo, mas

---

160 GRUDEM. **Op. Cit.**

161 Tg 2.24.

162 Mt 11.19; Lc 7.35; Rm 3.4.

163 Gn.15.6.

164 Tg 2.21.

unidos na questão da salvação. Para ambos, ela se dá em Cristo Jesus. Paulo combate o legalismo e Tiago a fé morta.

Anthony Hoekema[165] complementa esta argumentação, afirmando que as obras sobre as quais Tiago escreve não são as mesmas que Paulo tinha em mente. Paulo, quando argumenta, usa a expressão *obras da lei* ou *obras de lei* (*erga nomou*), quando afirma que o homem é justificado à parte das obras[166]. Tiago fala de obras, não fala de *obras da lei*, e sim *obras* (erga) Lutero mostra a chave para essa distinção:

> Ele [Paulo] chama obras, as obras da lei que alguém faz à parte da fé e da graça, e aquilo a que a lei impele pelo medo da punição ou pela ilusória promessa de recompensa temporal. Mas obras de fé, ele chama as obras que são feitas no espírito de liberdade e só [vindas; N.T.] do amor de Deus. Isso só pode ser feito por quem foi justificado pela fé. As obras da lei, entretanto, em nada contribuem para a justificação; na verdade, elas são um estorvo porque impedem alguém de ver a si mesmo como injusto e necessitado da justificação[167].

Segundo Dr. John H. Armstrong[168], a Epístola de Tiago não ensina que a justificação é alcançada através de obras meritórias, nem mesmo de fé que opera interiormente pelo amor e, sim, que essas obras dão prova de fé. O tipo de fé condenada por Tiago é aquela sem eficácia. Já Paulo condena as obras no sentido de cooperação e que acrescente mérito à fé do pecador crente. Portanto, o conflito imaginado por alguns entre as duas epístolas desfaz-se quando o contexto é entendido corretamente.

Em seus comentários sobre as epístolas de Paulo e Tiago, Calvino refuta o pensamento daqueles que entendem existir controvérsias em relação à fé e obras no contexto da justificação. Calvino nega que a tese de Tiago propicia um mínimo de apoio para esse entendimento. Para Calvino o apóstolo Tiago combatia a infidelidade e a negligência quanto às obras que são próprias dos fieis que estavam sendo deixadas de lado. Contudo, não cessavam de gloriar-se do falso nome de fé. Portanto, Tiago, na epístola, está ridicularizando a estulta confiança de tais indivíduos.

---

[165] HOEKEMA. **Salvos Pela Graça**.
[166] Rm 3.20, 28; Gl 2.16.
[167] LUTERO apud HOEKEMA. **Op. Cit.**, p. 168.
[168] ARMSTRONG. **Justificação Pela Fé Somente:** a marca da vitalidade espiritual da igreja.

Calvino explica que Tiago não tinha o propósito de diminuir a força da verdadeira fé e, sim, o contrário, o propósito era mostrar quão incessantemente esses mentirosos se vangloriavam da mera aparência de fé, e satisfeitos com ela, entregavam-se a todo tipo de vícios e pecados. Para Calvino, Tiago não está questionando de que modo são justificados e, sim, exigindo dos fieis uma justiça que produza obras.

Da mesma forma, Calvino explica que Paulo, em Romanos[169], está bem longe de respaldar a justificação por meio das obras. Para Calvino, o apóstolo neste texto rebate a vã confiança dos judeus, os quais se orgulhavam do mero entendimento da lei quando, ao mesmo tempo, eles se constituíam em seus mais instigados desprezadores. Portanto, diante desse conhecimento dos judeus e para que não se ensoberbecem tanto com o mero conhecimento da lei, o apóstolo Paulo os adverte a buscarem esse conhecimento na prática da lei sua justiça, e não no mero conhecimento da lei.

3.5. Justificação & Santificação

Anthony Hoekema afirma que a justificação não se separa da santificação. Contudo, elas são distintas. Primeiramente, deve-se observar que a justificação e santificação jamais devem se separar. De acordo com o que Paulo ensina em 1 Co[170], Deus não justifica a quem ele não santifica. Ambas são aspectos da união com Cristo. A justificação é um dos frutos desta união. Em contrapartida, é preciso estar unido a ele, por meio do processo da santificação, pela qual Cristo, por meio de seu Espírito, faz as pessoas progredirem mais à sua semelhança. O autor cita as palavras memoráveis de João Calvino sobre o assunto:

> Por que somos justificados pela fé? Porque pela fé apreendemos a justiça de Cristo, mediante a qual somos reconciliados com Deus. Não podemos entender isso sem ao mesmo tempo entender também a santificação. Pois ele se fez por nós 'sabedoria, justiça, santificação e redenção' (1 co 1.30). Cristo não justifica a quem ao mesmo tempo não santifica. Esses benefícios são unidos por vínculo permanente e indispensável, de forma que aqueles que ele ilumina pela sua sabedoria, ele redime; e aqueles que ele redime, justifica; e aqueles que justifica, santifica[171].

---

[169] Rm. 2.13.
[170] 1 Co 1.30.
[171] CALVINO apud HOEKEMA. **Op. Cit.**, p. 184.

Ainda que a justificação e santificação ocorram juntas, devem ser distinguidas uma da outra. Segundo Hoekema, um dos erros tradicionais do ensino católico romano sobre a justificação é não fazer distinção entre justificação e santificação, afirmando que a justificação inclui a renovação e transformação do cristão. O resultado deste equívoco é fazer o perdão de pecados, recebido na justificação, ficar dependente, de algum modo, do progresso na santificação.

Há diferenças entre as duas doutrinas. Primeiro, a justificação é a obra pela qual se remove a culpa do pecado, enquanto pela santificação é extraída a poluição do pecado e a pessoa é capacitada para o crescimento na semelhança de Cristo. Segundo, a justificação é fora do homem, trata-se de uma declaração concebida por Deus sobre o aspecto judicial ou legal do homem. Já a santificação acontece no interior do cristão e renova, de forma progressiva, sua natureza. Terceiro, a justificação acontece de uma vez por todas, não necessitando se repetir, enquanto a santificação é um progresso contínuo por meio da vida, até sua consumação. A importância dessa distinção é fazer justiça ao ensino bíblico sobre essas questões soteriológicas. E também manter a verdade de que a justificação significa a imputação da justiça de Cristo ao pecador cristão, e não pela dependência das obras produzidas pelo cristão.

Como afirma Hermann Bavink[172], é necessário diferenciar visivelmente justificação e santificação: pois, sua negligência acarreta atribuir justiça própria ao homem, fazendo injustiça à plenitude e à adequação da justiça de Deus que se manifestou em Cristo. Transformar o evangelho em uma nova lei assalta, à alma humana, seu único conforto e faz com que a salvação dependa de méritos humanos.

A reflexão sobre as implicações doutrinárias e práticas da doutrina da justificação permite expor os seus alcances e aplicações. Permitiu aqui, também, perceber as divergências de pensamento entre as visões reformada, católica e arminiana na aplicação da doutrina. Tal compreensão trouxe luz e evidenciou as diferenças no entendimento teológico doutrinário em questões tais como a soberania de Deus, a centralidade humana, a justificação pela fé somente e os paralelos entre justificação e santificação.

---

172 BAVINK. **Teologia Sistemática:** Fundamentos Teológicos da Fé Cristã.

CONSIDERAÇÕES FINAIS

Encerrando-se o presente trabalho, necessário se faz ressaltar alguns pontos no que tange a pesquisa sobre a doutrina da justificação. Percebeu-se que há muita literatura reformada para tratar do estudo da justificação. Em contrapartida há pouca literatura católica e arminiana que aborda o assunto. Isso não invalida a presente pesquisa, pois a literatura reformada disponibiliza de forma imparcial os pontos de vista católico e arminiano sobre a doutrina da justificação.

O início da história da criação do homem mostra que Deus o criou em estado bom, mas devido à sua desobediência e queda, narradas em Gênesis 3, rompeu-se o relacionamento com Deus. Veio, assim, a necessidade de uma expiação da culpa. Na Epístola aos Romanos, o apóstolo Paulo mostra que essa necessidade foi cumprida em Cristo: o homem foi justificado e teve removida a culpa do pecado e foi restaurado em sua qualidade de filho de Deus.

Através desta pesquisa foi possível verificar que, ao longo da história da Igreja, foram formulados alguns conceitos referentes ao papel do homem em relação à sua justificação diante de Deus. Neste trabalho, vislumbrou-se cada uma das visões – reformada, arminiana e católica – a respeito desta doutrina.

No primeiro capítulo, foi realizado um estudo sobre os fundamentos bíblicos e teológicos da doutrina, em três momentos: pelo estudo dos termos utilizados pelas Escrituras, pelo estudo da natureza e características da justificação, e pelos elementos da doutrina da justificação, com o objetivo de facilitar o entendimento dos termos, seus conceitos e significados.

O capítulo dois abordou o contexto histórico acerca da doutrina da justificação. Foi realizada uma análise histórica desde o período da patrística até os dias atuais. Percebeu-se que a doutrina da justificação sempre esteve presente em cada período da história cristã. Todos eles foram marcados por vários debates, pontos divergentes envolvendo católicos e protestantes no que concerne à doutrina da justificação.

No capítulo três, foram abordadas as implicações doutrinárias e práticas da doutrina da justificação, a questão da justificação objetiva e subjetiva, segurança e insegurança, soberania de Deus *versus* centralidade humana, os debates envolvendo fé e obras no contexto de Paulo e Tiago e por fim a distinção de justificação e santificação na doutrina da justificação. Essas abordagens facilitaram o entendimento do papel do homem na doutrina da justificação no sentido de cooperar ele ou não em sua salvação e se pode perdê-la.

A pesquisa permitiu considerar com clareza as posições católicas, reformadas e arminianas sobre a doutrina da justificação. Os católicos romanos mantêm a posição decidida pelo Concílio de Trento que declarou que a doutrina da justificação não seria apenas remissão dos pecados, mas a santificação e renovação interior da pessoa pela aceitação voluntária da graça e dos dons pelo quais uma pessoa se torna justa. Isso significa que Trento identificou a justificação com a santificação e as tratou como os *dois lados da mesma moeda* da salvação.

O Concílio também distinguiu a justificação como infusão de fé, esperança e caridade (amor) pela presença do Espírito Santo no batismo, rejeitando a ideia de que os homens salvos são apenas através de uma declaração forense que os *considera justos*. Trento discerniu sobre a justificação, que as pessoas que são salvas tomam a justiça (retidão) para si como se fosse sua, de acordo com a disposição e colaboração de cada uma. Isso significa que Trento, na prática, rejeitou a justiça forense ou alheia, bem como o monergismo.

A doutrina protestante mostra Cristo como o representante e substituto dos pecadores ou de seu povo, assumindo o lugar sob a lei e no nome deles e por causa deles, cumprindo toda a justiça, sendo feita com isso, de forma perfeita e infinitamente meritória, satisfação à lei e à justiça de Deus. A justiça de Cristo é imputada ou *lançada na conta* do crente. Assim, ele é gratuitamente perdoado e declarado justo à vista de Deus, tendo direito não só à remissão de pecado, mas também à vida eterna.

Unido a Cristo pela fé, o crente se torna participante de sua vida, de maneira que o remido não vive, mas é Cristo que vive nele, e a vida que o cristão então vive na carne, vive-a pela fé no filho de Deus, que o amou e se entregou por ele, conforme ensina Paulo aos Gálatas. Os arminianos continuam a defender que os que creem em Cristo devem prestar obediência à lei no sentido de obterem a sua justificação diante de Deus. Dessa maneira a justificação seria por fé e obras da lei.

A pesquisa trouxe o entendimento claro que a justificação fundamenta somente sobre a base da justiça de Cristo. Não existe nenhum outro meio pelo qual possa operar a justificação, tendo em vista que a exigência da lei foi cumprida cabalmente em Cristo. Não restando ao pecador outro meio, além da fé. O homem é totalmente desprovido de obras, méritos ou justiça própria, haja vista sua queda.

É impossível ao homem satisfazer as exigências da lei e, assim, justificar-se diante de Deus. Logo, a justificação do homem dá-se em função do sacrifício vicário de Jesus na cruz, cabendo ao pecador crer que Jesus Cristo é o filho de Deus e que sua morte é o único meio determinado por Deus para reconciliar consigo o homem caído.

A justificação do homem é obra privativa de Deus realizada graciosamente, por meio de sua soberana vontade, ante o tribunal de sua justiça própria que concede o perdão dos pecados, promovendo a libertação do jugo da culpa, declara justo o pecador sem sua cooperação, intervenção ou qualquer reinvidicação humana. Ao homem cabe receber e apropriar-se dessa justificação única e exclusivamente pela instrumentalidade da fé.

O ensinamento católico, bem como o arminiana, nega essas verdades bíblicas. Os católicos incluem as obras no processo de salvação e os arminianos declaram ser necessário cumprir toda a lei. As Escrituras, no entanto, reforçam aos cristãos que continuem vivendo sob a certeza e a esperança de uma justificação diante de Deus somente pela fé, sabedores da total incapacidade do homem de voltar-se a Deus por seus próprios esforços.

Negar a justificação somente pela fé é rejeitar a soberania de Deus na aplicação da obra da redenção. Portanto, é mais coerente seguir a posição reformada da doutrina da justificação pela fé, contestando-se as posições católicas e arminianas, assim como qualquer outra posição contrária a uma justificação fundamentada unicamente na justiça de Cristo e recebida pelo pecador somente pela fé. O apóstolo Paulo considera todas obras e esforços pessoais vinculados à salvação como lixo e refugo por amor a Cristo, o que implica em uma doutrina correta da justificação. Negar essas verdades é aceitar *outro* evangelho.

Tratou-se, também, da controvérsia em relação a uma possível oposição entre o ensinamento do apóstolo Paulo e Tiago sobre a doutrina da justificação. Afirmar que Paulo ensina que o homem é justificado pela fé somente contrariamente a Tiago que ensina que homem é justificado por fé e obras não procede, pois, os dois estão em contextos diferentes. Paulo refuta o pensamento de que uma pessoa pode ter um relacionamento com Deus por meio de obras da lei. Tiago contrapõe-se ao pensamento daqueles que entendem que, sendo salvos, não precisam mudar o modo de viver suas vidas cristãs. Portanto, o ensino de Paulo e Tiago não divergem e, sim, estão juntos na questão da salvação. Os dois afirmam que a justificação do homem se dá exclusivamente em Cristo.

O tema da justificação pela fé é relevante ainda nos dias atuais, pois traz implicações práticas na vida da igreja e do mundo secularizado, tendo em vista que se trata de uma doutrina que faz parte da salvação do homem, além de ser uma doutrina singular, eficaz e de consequências presentes e escatológicas de salvação ou condenação eterna.

A justificação pela fé mostra a incapacidade do homem de ser justificado por seus próprios esforços ou obras, mostra a graça e o poder imensuráveis de Deus na salvação humana. O estudo dessa doutrina leva a igreja a um processo de avivamento e memória daquilo que Deus fez pelo homem caído, por meio dos méritos de Cristo. Estimula a igreja a adotar um caráter doutrinário coerente e persistente de acordo com a revelação de Deus que sana as dúvidas, corrige as heresias e renova as esperança dos cristãos em Cristo.

A correta compreensão da doutrina da justificação pela fé conduz a igreja a manter-se no curso das verdades bíblicas que foram discernidas por meio do Espírito Santo de Deus a homens como Paulo, Tiago, Lutero, Calvino, entre outros homens santos, usados por Deus para levar um ensino de acordo com as Escrituras para a igreja de Cristo. Cabe à igreja presente influenciar o mundo através do ensino prático de que o justo viverá por fé.

REFERENCIAS BIBLIOGRÁFICAS

BAVINK, Hermann. **Teologia Sistemática**: Fundamentos teológicos da fé cristã. São Paulo: Editora SOCEP, 1977.

BERKHOF, L. **Teologia Sistemática**. Tradução de Odayr Olivetti. Campinas: Ed. Luz Para o Caminho, 1990.

BERKHOF, L. **A História das doutrinas cristãs**. São Paulo: Editora PES, 1992.

BÍBLIA DE ESTUDO DE GENEBRA. São Paulo e Barueri: Cultura Cristã e Sociedade Bíblica do Brasil, 1999.

BUENO, Silveira. **Minidicionário da língua portuguesa.** 2. ed. São Paulo: FTB, 2007.

CALVINO, João. **As Institutas.** Edição Clássica. Tradução de Waldir Carvalho Luz. 2. ed. São Paulo: Cultura Cristã, 2006, v. 3.

CAMPOS, Heber Carlos. **A União das duas naturezas do Redentor**. São Paulo: Cultura Cristã, 2004.

CAMPOS, Júnior Heber Carlos. O lugar da fé e da obediência na justificação: Um apanhado Histórico das discussões reformadas do século XVII. **Fides Reformata** – v. XIII n.1, p.53-69. São Paulo: Editora Mackenzie, 2008

CONFISSÃO DE FÉ DE WESTMINSTER. 17. ed. São Paulo: Ed. Casa Editora Presbiteriana, 2005.

DECLARAÇÃO CONJUNTA SOBRE A DOUTRINA DA JUSTIFICAÇÃO. Disponível em:http://www.vatican.varoman_curia/pontifical_councils/chrstuni/documents/rc_pc_chrstuni_doc_31101999_cath-luth-joint-declaration_po.html. Acesso em 14 de out. 2010.

ERICKSON, Millard J. **Introdução à teologia sistemática**. Tradução de Lucy Yamakami. São Paulo: Ed. Vida Nova, 1997.

FALCÃO, Samuel. **Escolhidos em Cristo:** O que de fato a Bíblia ensina sobre a predestinação. 4. ed. Cambuci: Editora Cultura Cristã, 1999.

FINNEY, Charles. **Teologia Sistemática.** 2. ed. Rio de Janeiro: Ed. Casa Publicadora das Assembléias de Deus, 2001.

GEORGE, T. **Teologia dos Reformadores**. Tradução de Gérson Dudus e Valéria Fontana. São Paulo: Vida Nova, 1993.

GERSTNER, Jonathan. Legalismo e antinomianismo: duas rotas mortais fora do caminho estreito. In: KISTLER, Don (org.). **Crer e observar.** São Paulo: Cultura Cristã, 2009. p. 83-105.

GONZALEZ, Justo L. **Uma História do Pensamento Cristão**: Da Reforma Protestante ao século 20. Tradução de Paulo Arantes, Vanuza Helena Freire de Mattos. São Paulo: Cultura Cristã, 2004, v.3.

GRUDEM, W. A. **Teologia Sistemática**. Tradução de Norio Yamakami, Lucy Yamakami, Luiz A. T. Sayão e Eduardo Pereira e Ferreira. São Paulo: Vida Nova, 1999.

HOEKEMA, A. A. **Salvos Pela Graça**. Tradução de Wadislau Gomes Martins. São Paulo: Cultura Cristã, 1997.

HODGE, A. A. **Esboços de Teologia**. São Paulo: Editora Publicações Evangélicas Selecionadas, 2001.

HODGE, Charles. **Teologia Sistemática**. São Paulo: Editora Hagnos, 2001.

HORTON, Michael. **Cristo O Senhor,** A Reforma e o Senhorio na Salvação. Tradução de Paulo César. Cambuci: Ed. Cultura Cristã, 2000.

KENNEDY, D. James, **Verdades que transformam**: doutrinas cristãs para sua vida de hoje. Atibaia: Editora Fiel, 1987.

MaCARTUR, Jr, J. F.; SPROUL, R. C.; BEEKE, J. R.; GERSTNER, J. H. & ARMSTRONG, J. H. **Justificação Pela Fé Somente:** a marca da vitalidade espiritual da igreja. Tradução de Hope Gordon. São Paulo: Cultura Cristã, 1995.

MARTINHO L. **Obras Selecionadas:** Debates e Controvérsias I. Tradução de Ilson Kayser, Johannnes F. Hasenack e Luis Henrique Dreher. São Leopoldo/Porto Alegre: Sinodal/Concórdia, 1992, v. 3.

MENDES, Paulo. **Noções de Hebraico Bíblico.** São Paulo: Editora Vida Nova, 1981.

MCGRATH, E. Alister. **Teologia histórica**: Uma introdução à história do pensamento cristão. São Paulo. Editora Cultura Cristã, 2007.

MYATT, Alan e FERREIRA, Franklin, **Teologia Sistemática**. São Paulo: Vida Nova, 1999.

OLSON, R. **Histórias da Teologia Cristã**: 2.000 anos de tradição e reformas. Tradução de Gordon Chown. São Paulo: Editora Vida, 2001.

PINK, A. W. **Deus é Soberano**. São José dos Campos: Editora Fiel, 1997.

SALVADOR, Gonçalves, J. **Arminianismo e Metodismo,** subsídios para o estudo da História das Doutrinas Cristãs. Junta Geral de Educação Cristã da Igreja Metodista do Brasil. São Paulo, 1960.

SANTANA, Wanderley. **Estudos, reflexões, etc. e tal.** Disponível em http:/wanderley santana.blogspot.com/2010/08/sinergismo-nao-e-pelagianismo.html. Consulta em 03 nov. 2010.

SPROUL, R. C. **Eleitos de Deus.** Cambuci: Editora Cultura Cristã, 1998.

SPROUL, R. C. **Sola Gratia**: A controvérsia sobre o Livre-Arbítrio na História. Cambuci: Editora Cultura Cristã, 2001.

STOTT, John. **A Cruz de Cristo**. São Paulo: Editora Vida, 2006.

WRIGHT, Mc Gregor. **A Soberania Banida**: Redenção para a cultura pós-moderna. Tradução de Héber Carlos de Campos. Cambuci: Editora Cultura Cristã, 1998.

ZILLES, Urbano. **Ética Filosófica e Ética Cristã**. Disponível em: http://www. esteditora.com.br/textos/.htm. Consulta em 20 de jul. 2010.

ANEXO I

ANEXO I – Declaração Conjunta Sobre A Doutrina Da Justificação[1]

Preâmbulo

1. A doutrina da justificação teve importância central para a Reforma luterana do século XVI. Era considerada o "primeiro e principal artigo" [1] e simultaneamente "regente e juiz sobre todas as partes da doutrina cristã" [2]. A doutrina da justificação foi particularmente sustentada e defendida em sua expressão reformatória e sua relevância especial face à teologia e à Igreja católica romana de então as quais, por sua vez, sustentavam e defendiam uma doutrina da justificação com características diferentes. Aqui, segundo a prospectiva reformatória, residia o cerne de todas as confrontações. Elas resultaram em condenações doutrinais nos escritos confessionais luteranos [3] e no Concílio de Trento da Igreja católica romana. Essas condenações vigoram até hoje e têm efeito divisor entre as Igrejas.

2. Para a tradição luterana a doutrina da justificação conservou essa relevância especial. Por isso, desde o início, ela também ocupou um lugar importante no diálogo oficial luterano-católico.

3. Remetemos em especial aos relatórios "O evangelho e a Igreja" (1972) [4] e "Igreja e justificação" (1994) [5], da Comissão Mista católica romana/evangélica luterana internacional, ao relatório "Justificação pela fé" (1983) [6], do diálogo católico-luterano nos Estados Unidos, e ao estudo "Condenações doutrinais - divisoras das Igrejas?" (1986) [7], do Grupo de Trabalho Ecumênico de teólogos evangélicos e católicos na Alemanha. Alguns destes relatórios de diálogo obtiveram recepção oficial. Exemplo importante constitui o posicionamento compromissivo emitido pela Igreja Evangélico-Luterana Unida da Alemanha,

---

[1]**DECLARAÇÃO CONJUNTA SOBRE A DOUTRINA DA JUSTIFICAÇÃO.** Disponível em: http://www.vatican.va/roman_curia/pontifical_councils/chrstuni/documents/rc_pc_chrstuni_doc_31101999_cath-luth-joint-declaration_po.html. Acesso em 14 de out. 2010.

juntamente com as outras Igrejas pertencentes à Igreja Evangélica na Alemanha, com o máximo grau possível de reconhecimento eclesiástico do estudo sobre as condenações doutrinais (1994) [8].

4. Todos os relatórios de diálogo citados, bem como os posicionamentos a seu respeito, revelam em seu tratamento da doutrina da justificação, alto grau de orientação e juízos comuns. Por isso está na hora de fazer um balanço e de resumir os resultados dos diálogos sobre a justificação, de modo a informar nossas Igrejas, com a devida precisão e brevidade, sobre o resultado geral desse diálogo e de dar-lhes, ao mesmo tempo, condições de se posicionarem de modo compromissivo a respeito.

5. É isso o que pretende a presente Declaração Conjunta. Ela quer mostrar que, com base no diálogo, as Igrejas luteranas signatárias e a Igreja católica romana [9] estão agora em condições de articular uma compreensão comum de nossa justificação pela graça de Deus na fé em Cristo. Esta Declaração Comum *(DC)* não contém tudo o que é ensinado sobre justificação em cada uma das Igrejas, mas abarca um consenso em verdades básicas da doutrina da justificação e mostra que os desdobramentos distintos ainda existentes não constituem mais motivo de condenações doutrinais.

6. Nossa *DC* não é uma exposição nova e independente, ao lado dos relatórios de diálogo e documentos já existentes, nem pretende, muito menos, substitui-los. Ela se reporta, antes, a esses textos e sua argumentação.

7. Assim como os próprios diálogos, também esta *DC* se baseia na convicção de que uma superação de questões controversas e de condenações doutrinárias até agora vigentes não minimiza as divisões e condenações nem desautoriza o passado da própria Igreja. Repousa, porém, sobre a convicção de que no decorrer da história nossas Igrejas chegam a novas percepções e de que ocorrem desdobramentos que não só lhes permitem, mas ao mesmo tempo também exigem, que as questões e condenações divisoras sejam examinadas e vistas sob uma nova luz.

1. A mensagem bíblica da justificação

8. Fomos levados a essas novas percepções por nossa maneira conjunta de escutar a palavra de Deus nas Escrituras Sagradas. Juntos ouvimos o evangelho de que "Deus amou o mundo de tal maneira que deu Seu Filho unigênito, para que todo o que nele crê não pereça, mas tenha a vida eterna" (*Jo* 3, 16). Esta Boa Nova é exposta de diferentes maneiras nas Escrituras Sagradas. No Antigo Testamento ouvimos a palavra de Deus sobre a pecaminosidade humana (cf. *Sl* 51, 1-5; *Dn* 9, 5 s.; *Ecl* 8, 9 s.; *Esd* 9, 6 s.) e sobre a desobediência humana (cf. *Gn* 3, 1-19; *Ne* 9, 16 s.26), bem como sobre a justiça (cf. *Is* 46, 13; 51, 5-8; 56, 1 [cf. 53, 11]; *Jr* 9, 24) e o juízo de Deus (cf. *Ecl* 12, 14; *Sl* 9, 5 s.; 76, 7-9).

9. No Novo Testamento os temas "justiça" e "justificação" são abordados de maneira diferenciada em Mateus (cf. 5, 10; 6, 33; 21, 32), em João (cf. 16, 8-11), na Epístola aos Hebreus (cf. 5, 13; 10, 37 s.) e na Epístola de Tiago (cf. 2, 14-26). [10] Também nas cartas paulinas o dom da salvação é descrito de diferentes modos, entre outros como "libertação para a liberdade" (*Gl* 5, 1-13; cf. *Rm* 6, 7), como "reconciliação com Deus" (*2 Cor* 5, 18-21; cf. *Rm* 5, 11), como "paz com Deus" (*Rm* 5, 1), como "nova criação" (*2 Cor* 5, 17), como "vida para Deus em Cristo Jesus" (*Rm* 6, 11-23) ou como "santificação em Cristo Jesus" (cf. *1 Cor* 1, 2; 1, 30; *2 Cor* 1, 1). Salienta-se entre esses conceitos a descrição como "justificação" do pecador pela graça de Deus na fé (cf. *Rm* 3, 23-25), que foi destacada de maneira especial no tempo da Reforma.

10. Paulo descreve o evangelho como poder de Deus para a salvação do ser humano caído sob o poder do pecado: como mensagem que proclama a "justiça de Deus de fé em fé" (*Rm* 1, 16 s.) e que presenteia a "justificação" (*Rm* 3, 21-31). Ele anuncia Cristo como "nossa justiça" (*1 Cor* 1, 30) ao aplicar ao Senhor ressuscitado o que Jeremias disse acerca do próprio Deus (cf. 23, 6). Na morte e na ressurreição de Cristo estão enraizadas todas as dimensões de sua obra redentora, porque "nosso Senhor foi entregue por causa de nossas transgressões e ressuscitou por causa de nossa justificação" (*Rm* 4, 25). Todos os seres humanos necessitam da justiça de Deus, "pois todos pecaram e carecem da glória de Deus" (*Rm* 3, 23; cf. *Rm* 1, 18-3.22; 11, 32; *Gl* 3, 22). Nas cartas aos Gálatas (cf. 3, 6) e aos Romanos (cf. 4, 3-9) Paulo entende a fé de Abraão (cf. *Gn* 15, 6) como fé no Deus que justifica o pecador (cf. *Rm* 4, 5) e invoca o testemunho do Antigo Testamento para sublinhar seu evangelho de que aquela justiça será imputada a todos os que, como Abraão, confiam na promessa de Deus. "O justo viverá pela fé" (*Hab* 2, 4; cf. *Gl* 3, 11; *Rm* 1, 17). Nas cartas paulinas a justiça de Deus é simultaneamente o poder de Deus para cada crente (cf. *Rm* 1, 16 s.). Em Cristo ele faz com

que ela seja nossa justiça (cf. *2 Cor* 5, 21). Recebemos a justificação por Cristo Jesus, "a quem Deus propôs, em seu sangue, como propiciação [eficaz] mediante a fé" (*Rm* 3, 25; cf. 3, 21-28). "Porque pela graça sois salvos, mediante a fé; e isto não vem de vós, é dom de Deus; não de obras" (*Ef* 2, 8 s.).

11. Justificação é perdão dos pecados (cf. *Rm* 3, 23-25; *At* 13, 39; *Lc* 18, 14), libertação do poder dominante do pecado e da morte (cf. *Rm* 5, 12-21) e da maldição da lei (cf. *Gl* 3, 10-14). Ela significa acolhida na comunhão com Deus, já agora, mas de forma plena no reino vindouro de Deus (cf. *Rm* 5, 1 s.). Une com Cristo e sua morte e ressurreição (cf. *Rm* 6, 5). Acontece no recebimento do Espírito Santo no batismo como incorporação no corpo uno (cf. *Rm* 8, 1 s., 9 s.; *1 Cor* 12, 12 s.). Tudo isso provém somente de Deus, por amor de Cristo, por graça, pela fé no "evangelho de Deus com respeito a seu Filho" (cf. *Rm* 1, 1-3).

12. As pessoas justificadas vivem a partir da fé que provém da palavra de Cristo (cf. *Rm* 10, 17) e que atua no amor (cf. *Gl* 5, 6), o qual é fruto do Espírito (cf. *Gl* 5, 22 s.). Mas, visto que poderes e ambições atribulam as pessoas crentes por fora e por dentro (cf. *Rm* 8, 35-39; *Gl* 5, 16-21) e elas caem em pecado (cf. *1 Jo* 1, 8.10), precisam repetidamente ouvir as promissões de Deus, confessar seus pecados (cf. *1 Jo* 1, 9), participar do corpo e do sangue de Cristo e ser exortadas a viver uma vida justa em conformidade com a vontade de Deus. Por isso o apóstolo diz às pessoas justificadas: "Desenvolvei vossa salvação com temor e tremor; porque Deus é quem efetua em vós tanto o querer quanto o realizar, segundo a sua vontade" (*Fl* 2, 12 s.). Permanece, porém, a Boa Nova: "Já nenhuma condenação há para os que estão em Cristo Jesus" (*Rm* 8, 1) e nos quais Cristo vive (cf. *Gl* 2, 20). Por intermédio da obra justa de Cristo haverá justificação que dá vida para todos os seres humanos (cf. *Rm* 5, 18).

2. A doutrina da justificação como problema ecumênico

13. No século XVI, a interpretação e aplicação contrastantes da mensagem bíblica da justificação constituíram uma das causas principais da divisão da Igreja ocidental, o que também se expressou em condenações doutrinais. Por isso, para superar a divisão na Igreja, uma compreensão comum da justificação é fundamental e indispensável. Acolhendo resultados da pesquisa bíblica e percepções da história da teologia e dos dogmas, desenvolveu-se no diálogo ecumênico desde o Concílio Vaticano II uma nítida aproximação

no que diz respeito à doutrina da justificação, de modo que a presente *DC* pode formular um consenso em verdades básicas da doutrina da justificação a cuja luz as correspondentes condenações doutrinais do século XVI não mais se aplicam ao parceiro de hoje.

3. A compreensão comum da justificação

14. O ouvir comum da Boa Nova proclamada nas Sagradas Escrituras e, não por último, os diálogos teológicos de anos recentes entre as Igrejas luteranas e a Igreja católica romana levaram a uma concordância na compreensão da justificação. Ela abarca um consenso nas verdades básicas; os desdobramentos distintos nas afirmações específicas são compatíveis com ela.

15. É nossa fé comum que a justificação é obra do Deus uno e trino. O Pai enviou seu Filho ao mundo para a salvação dos pecadores. A encarnação, a morte e a ressurreição de Cristo são fundamento e pressuposto da justificação. Por isso justificação significa que o próprio Cristo é nossa justiça, da qual nos tornamos participantes através do Espírito Santo segundo a vontade do Pai. Confessamos juntos: somente por graça, na fé na obra salvífica de Cristo, e não por causa de nosso mérito, somos aceitos por Deus e recebemos o Espírito Santo, que nos renova os corações e nos capacita e chama para as boas obras [11].

16. Todas as pessoas são chamadas por Deus para a salvação em Cristo. Somos justificados somente por Cristo ao recebermos essa salvação na fé. A própria fé, por sua vez, é presente de Deus através do Espírito Santo, que atua na palavra e nos sacramentos na comunhão dos crentes e que, ao mesmo tempo, conduz os crentes àquela renovação de sua vida que Deus consuma na vida eterna.

17. Compartilhamos a convicção de que a mensagem da justificação nos remete de forma especial ao centro de testemunho neotestamentário da ação salvífica de Deus em Cristo: ela nos diz que como pecadores devemos nossa vida nova unicamente à misericórdia perdoadora e renovadora de Deus, misericórdia esta com a qual só podemos ser presenteados e que só podemos receber na fé, mas que nunca - de qualquer forma que seja - podemos fazer por merecer.

18. Por isso a doutrina da justificação, que assume e desdobra essa mensagem, não é apenas

um aspecto parcial da doutrina cristã. Ela se encontra numa relação essencial com todas as verdades da fé, as quais devem ser vistas numa conexão interna entre si. Ela é um critério indispensável que visa orientar toda a doutrina e prática da Igreja incessantemente para Cristo. Quando luteranos acentuam a importância singular desse critério, não negam a conexão e a importância de todas as verdades da fé. Quando católicos se sentem comprometidos com vários critérios, não negam a função especial da mensagem da justificação. Luteranos e católicos compartilham o alvo comum de confessar em tudo a Cristo, ao qual unicamente importa confiar, acima de todas as coisas, como mediador uno (cf. *1 Tm* 2, 5 s.) pelo qual Deus, no Espírito Santo, dá a si mesmo e derrama seus dons renovadores.

4. O desdobramento da compreensão comum da justificação

4.1. Incapacidade e pecado humanos face à justificação

19. Confessamos juntos que o ser humano, no concernente à sua salvação, depende completamente da graça salvadora de Deus. A liberdade que ele possui para com as pessoas e coisas do mundo não é liberdade com relação à salvação. Isto quer dizer que, como pecador, ele se encontra sob o juízo de Deus, sendo por si só incapaz de se voltar a Deus em busca de salvamento, ou de merecer sua justificação perante Deus, ou de alcançar a salvação pela própria força. Justificação acontece somente por graça. Porque católicos e luteranos confessam isso conjuntamente, deve-se dizer:

20. Quando católicos dizem que o ser humano "coopera" no preparo e na aceitação da justificação por assentir à ação justificadora de Deus, eles vêem mesmo nesse assentimento pessoal um efeito da graça, e não uma ação humana a partir de forças próprias.

21. Segundo a concepção luterana o ser humano é incapaz de cooperar em sua salvação, porque como pecador ele resiste ativamente a Deus e à sua ação salvadora. Luteranos não negam que o ser humano possa rejeitar a atuação da graça. Quando sublinham que o ser humano pode tão-somente receber (*mere passive)* a justificação, rejeitam com isso qualquer possibilidade de uma contribuição própria do ser humano para sua justificação, mas não negam sua plena participação pessoal na fé, que é operada pela própria palavra de Deus.

4.2. Justificação como perdão de pecados e ato de tornar justo

22. Confessamos juntos que Deus, por graça, perdoa ao ser humano o pecado, e o liberta ao mesmo tempo do poder escravizador do pecado em sua vida e lhe presenteia a nova vida em Cristo. Quando o ser humano tem parte em Cristo na fé, Deus não lhe imputa seu pecado e, pelo Espírito Santo, opera nele um amor ativo. Ambos os aspectos da ação graciosa de Deus não devem ser separados. Eles estão correlacionados de tal maneira que o ser humano, na fé, é unido com Cristo que em sua pessoa é nossa justiça (cf. *1 Cor* 1, 30): tanto o perdão dos pecados quanto a presença santificadora de Deus. Porque católicos e luteranos confessam isso conjuntamente, deve-se dizer:

23. Quando luteranos enfatizam que a justiça de Cristo é nossa justiça, querem sobretudo assegurar que ao pecador, pelo anúncio do perdão, é representada a justiça perante Deus em Cristo e que sua vida é renovada somente em união com Cristo. Quando dizem que a graça de Deus é amor que perdoa ("favor de Deus") [12], não negam com isso a renovação da vida do cristão, mas querem expressar que a justificação permanece livre de cooperação humana, tampouco dependendo do efeito renovador de vida que a graça produz no ser humano.

24. Quando católicos enfatizam que ao crente é presenteada a renovação da pessoa interior pelo recebimento da graça, [13] querem assegurar que a graça perdoadora de Deus sempre está ligada ao presente de uma nova vida, que no Espírito Santo se torna efetiva em amor ativo; mas não negam com isso que o dom da graça divina na justificação permanece independente de cooperação humana.

4.3. Justificação por fé e por graça

25. Confessamos juntos que o pecador é justificado pela fé na ação salvífica de Deus em Cristo; essa salvação lhe é presenteada pelo Espírito Santo no batismo como fundamento de toda a sua vida cristã. Na fé justificadora o ser humano confia na promessa graciosa de Deus; nessa fé estão compreendidos a esperança em Deus e o amor a Ele. Essa fé atua pelo amor; por isso o cristão não pode e não deve ficar sem obras. Mas tudo o que, no ser humano, precede ou se segue ao livre presente da fé não é fundamento da justificação nem a faz merecer.

26. Segundo a compreensão luterana, Deus justifica o pecador somente na fé (*sola fide*). Na fé o ser humano confia inteiramente em seu Criador e Redentor e está assim em comunhão com ele. Deus mesmo é quem opera a fé ao produzir tal confiança por sua palavra criadora. Porque essa ação divina constitui uma nova criação, afeta todas as dimensões da pessoa e conduz a uma vida em esperança e amor. Assim, na doutrina da "justificação somente pela fé", a renovação da conduta de vida que necessariamente se segue à justificação, e sem a qual não pode haver fé, é distinguida da justificação, mas não é separada dela. Com isso é indicado, antes, o fundamento do qual provém tal renovação. Do amor de Deus, que é presenteado ao ser humano na justificação, provém a renovação da vida. A justificação e a renovação estão ligadas pelo Cristo presente na fé.

27. Também segundo a compreensão católica a fé é fundamental para a justificação, pois sem fé não pode haver justificação. Como ouvinte da palavra e crente o ser humano é justificado por meio do batismo. A justificação do pecador é perdão dos pecados e ato que torna justo através da graça justificadora, que nos torna filhos e filhas de Deus. Na justificação as pessoas justificadas recebem de Cristo fé, esperança e amor e são assim acolhidas na comunhão com Ele. [14] Essa nova relação pessoal com Deus se baseia inteiramente na graciosidade divina e fica sempre dependente da atuação criadora de salvação do Deus gracioso, que permanece fiel a si mesmo e no qual o ser humano pode por isso confiar. Por esta razão a graça justificadora nunca se converte em posse do ser humano, à qual ele pudesse apelar diante de Deus. Quando, segundo a compreensão católica, se acentua a renovação da vida através da graça justificadora, essa renovação em fé, esperança e amor sempre depende da graça inescrutável de Deus e não representa qualquer contribuição para a justificação da qual pudéssemos orgulhar-nos diante de Deus (cf. *Rm* 3, 27).

4.4. A pessoa justificada como pecadora

28. Confessamos juntos que no batismo o Espírito Santo une a pessoa com Cristo, a justifica e realmente a renova. Não obstante, a pessoa justificada durante toda a vida permanece incessantemente dependente da graça de Deus que justifica de modo incondicional. Também ela está continuamente exposta ao poder do pecado e suas investidas (cf. *Rm* 6, 12-14), não estando isenta da luta vitalícia contra a oposição a Deus em termos de cobiça egoísta do velho Adão (cf. *Gl* 5, 16; *Rm* 7, 7.10). Também a pessoa justificada precisa pedir, como no Pai Nosso, a cada dia, o perdão de Deus (cf. *Mt* 6, 12; *1 Jo* 1, 9), é chamada constantemente à

conversão e ao arrependimento e recebe continuamente o perdão.

29. Luteranos entendem isso no sentido de que a pessoa cristã é "ao mesmo tempo justa e pecadora": ela é totalmente justa porque Deus, por palavra e sacramento, lhe perdoa o pecado e lhe concede a justiça de Cristo, da qual ela se apropria pela fé e a qual em Cristo a torna justa diante de Deus. Olhando, porém, para si mesma através da lei, ela reconhece que continua ao mesmo tempo totalmente pecadora, que o pecado ainda habita nela (cf. *1 Jo* 1, 8; *Rm* 7, 17.20): porque reiteradamente confia em falsos deuses e não ama a Deus com aquele amor indiviso que Deus como seu criador dela exige (cf. *Dt* 6, 5; *Mt* 22, 36-40). Essa oposição a Deus é, como tal, verdadeiramente pecado. Não obstante, graças ao mérito de Cristo, o poder escravizante do pecado está rompido: já não é pecado que "domina" a pessoa cristã por estar "dominado" por Cristo, com o qual a pessoa justificada está unida na fé; assim a pessoa cristã, enquanto vive na terra, pode ao menos em parte viver uma vida em justiça. E, a despeito do pecado, não está mais separada de Deus, porque no retorno diário ao batismo ela, que renasceu pelo batismo e pelo Espírito Santo, tem seu pecado perdoado, de sorte que seu pecado já não lhe acarreta condenação e morte eterna. [15] Portanto, quando luteranos dizem que a pessoa justificada é também pecadora e que sua oposição a Deus é verdadeiramente pecado, não negam que, a despeito do pecado, ela está inseparada de Deus em Cristo e que seu pecado é pecado dominado. Neste último aspecto estão em concordância com os católicos romanos, apesar das diferenças na compreensão do pecado da pessoa justificada.

30. Segundo a concepção católica, a graça de Jesus Cristo concedida no batismo apaga tudo o que é "realmente" pecado, o que é "digno de condenação" (*Rm* 8, 1),[16] mas que permanece na pessoa uma inclinação (concupiscência) proveniente do pecado e tendente ao pecado. Uma vez que, conforme a convicção católica, o surgimento dos pecados humanos sempre implica um elemento pessoal, e como este elemento falta naquela inclinação contrária a Deus, católicos não vêem nela pecado em sentido autêntico. Com isso não querem negar que essa inclinação não corresponde ao desígnio original de Deus para a humanidade nem que é objetivamente oposição a Deus e que permanece objeto de luta vitalícia; em gratidão pela redenção por intermédio de Cristo querem destacar que a inclinação contrária a Deus não merece o castigo de morte eterna [17] e não separa a pessoa justificada de Deus. Quando, porém, a pessoa justificada se separa voluntariamente de Deus, não basta voltar a observar os mandamentos, mas ela precisa receber, no sacramento da reconciliação, perdão e paz pela

palavra do perdão que lhe é conferida por força da obra reconciliadora de Deus em Cristo.

4.5. Lei e evangelho

31. Confessamos juntos que o ser humano é justificado na fé no evangelho "independentemente de obras da lei" (*Rm* 3, 28). Cristo cumpriu a lei e, por sua morte e ressurreição, a superou como caminho para a salvação. Confessamos ao mesmo tempo que os mandamentos de Deus permanecem em vigor para a pessoa justificada e que Cristo, em sua palavra e sua vida, expressa a vontade de Deus, que constitui padrão de conduta também para a pessoa justificada.

32. Os luteranos sustentam que a distinção e a correta correlação de lei e evangelho é essencial para a compreensão da justificação. A lei, em seu uso teológico, é exigência e acusação às quais está sujeita durante a vida inteira toda pessoa, também pessoa cristã, na medida em que é pecadora; e a lei põe a descoberto seu pecado para que na fé no evangelho, ela se volte inteiramente para a misericórdia de Deus em Cristo, a qual unicamente a justifica.

33. Uma vez que a lei como caminho de salvação foi cumprida e superada pelo evangelho, católicos podem dizer que Cristo não é um legislador à maneira de Moisés. Quando católicos acentuam que a pessoa justificada é obrigada a observar os mandamentos de Deus, não negam com isso que a graça da vida eterna é misericordiosamente prometida aos filhos e filhas de Deus por Jesus Cristo [18].

4.6. Certeza de salvação

34. Confessamos juntos que as pessoas crentes podem confiar na misericórdia e nas promissões de Deus. Também em face de sua própria fraqueza e de muitas ameaças para sua fé, podem basear-se - graças à morte e ressurreição de Cristo - na promessa eficaz da graça de Deus em palavra e sacramento e, assim, ter certeza desta graça.

35. Isto foi acentuado de maneira especial pelos reformadores: em meio à tribulação a pessoa crente não deve olhar para si mesma, mas inteiramente para Cristo e confiar somente nele. Assim, na confiança na promissão de Deus, ela tem certeza de sua salvação, mesmo que, olhando para si mesma, nunca esteja segura.

36. Católicos podem compartilhar da preocupação dos reformadores de basear a fé na

realidade objetiva da promessa de Cristo, desconsiderando a própria experiência e confiando somente na palavra promitente de Cristo (cf. *Mt* 16, 19; 18, 18). Com o Concílio Vaticano II os católicos sustentam: crer significa confiar-se inteiramente a Deus, [19] que nos liberta das trevas do pecado e da morte e nos desperta para a vida eterna. [20] Neste sentido não se pode crer em Deus e, ao mesmo tempo, não considerar confiável a promessa divina. Ninguém deve duvidar da misericórdia de Deus e do mérito de Cristo. Mas toda pessoa pode estar preocupada com sua salvação quando olha para suas próprias fraquezas e insuficiências. Mesmo inteiramente consciente de seu próprio fracasso, contudo, a pessoa crente pode ter certeza de que Deus quer sua salvação.

4.7. As boas obras da pessoa justificada

37. Confessamos juntos que boas obras - uma vida cristã em fé, esperança e amor - se seguem à justificação e são frutos da justificação. Quando a pessoa justificada vive em Cristo e atua na graça recebida produz, biblicamente falando, bom fruto. Essa conseqüência da justificação é ao mesmo tempo uma obrigação a ser cumprida pelo cristão, na medida em que luta contra o pecado durante a vida toda; por isso Jesus e os escritos apostólicos admoestam os cristãos a realizar obras de amor.

38. De acordo com a concepção católica, as boas obras, tornadas possíveis pela graça e pela ação do Espírito Santo, contribuem para um crescimento na graça de tal modo que a justiça recebida de Deus é conservada e a comunhão com Cristo, aprofundada. Quando católicos sustentam o caráter "meritório" das boas obras, querem dizer que, segundo o testemunho bíblico, essas obras têm a promessa de recompensa no céu. Querem destacar a responsabilidade do ser humano por seus atos, mas não contestar com isso o caráter de presente das boas obras nem, muito menos, negar que a justificação como tal permanece sendo sempre presente imerecido da graça.

39. Também entre os luteranos existe a idéia de uma preservação da graça e de um crescimento em graça e fé. Acentuam, contudo, que a justiça como aceitação da parte de Deus e participação na justiça de Cristo, sempre é perfeita; mas dizem ao mesmo tempo que seu efeito na vida cristã pode crescer. Quando vêem as boas obras da pessoa cristã como "frutos" e "sinais" da justificação, não como "méritos" próprios, não deixam, no entanto, de entender a vida eterna, conforme o Novo Testamento, como "galardão" imerecido no sentido do

cumprimento da promessa divina aos crentes.

5. O significado e o alcance do consenso obtido

40. A compreensão da doutrina da justificação exposta nesta *DC* mostra que entre luteranos e católicos existe um consenso em verdades básicas da doutrina da justificação. À luz desse consenso as diferenças remanescentes na terminologia, na articulação teológica e na ênfase da compreensão da justificação descritas nos parágrafos 18 a 39 são aceitáveis. Por isso as formas distintas pelas quais luteranos e católicos articulam a fé na justificação estão abertas uma para a outra e não anulam o consenso nas verdades básicas.

41. Com isso também as condenações doutrinais do século XVI, na medida em que dizem respeito à doutrina da justificação, aparecem sob uma nova luz: a doutrina das Igrejas luteranas apresentada nesta Declaração não é atingida pelas condenações do Concílio de Trento. As condenações contidas nos escritos confessionais luteranos não atingem a doutrina da Igreja católica romana exposta nesta Declaração.

42. Com isso não se tira nada da seriedade das condenações doutrinais referentes à doutrina da justificação. Algumas delas não eram simplesmente infundadas; elas conservam para nós "o significado de advertências salutares", que devemos observar na doutrina e na prática [21].

43. Nosso consenso em verdades básicas da doutrina da justificação precisa surtir efeitos e comprovar-se na vida e na doutrina das Igrejas. A respeito existem ainda questões de importância diversificada que exigem ulteriores esclarecimentos. Entre outras, por exemplo, a relação entre a palavra de Deus e doutrina eclesiástica, bem como a doutrina a respeito da Igreja, da autoridade na Igreja, de sua unidade, do ministério e dos sacramentos, e finalmente a doutrina da relação entre justificação e ética social. Temos a convicção de que a compreensão comum obtida oferece uma base sólida para esse esclarecimento. As Igrejas luteranas e a Igreja católica romana continuarão se empenhando por aprofundar a compreensão comum e fazê-la frutificar na doutrina e na vida eclesiais.

44. Damos graças ao Senhor por este passo decisivo rumo à superação da divisão da Igreja. Rogamos ao Espírito Santo que nos conduza adiante para aquela unidade visível que é a vontade de Cristo.

Printed by Books on Demand GmbH, Norderstedt / Germany